P. von Radics

Die Reisen Kaiser Joseph II. und die Volkswirtschaft in Österreich-Ungarn

P. von Radics

Die Reisen Kaiser Joseph II. und die Volkswirtschaft in Österreich-Ungarn

ISBN/EAN: 9783743328952

Hergestellt in Europa, USA, Kanada, Australien, Japan

Cover: Foto ©ninafisch / pixelio.de

Manufactured and distributed by brebook publishing software (www.brebook.com)

P. von Radics

Die Reisen Kaiser Joseph II. und die Volkswirtschaft in Österreich-Ungarn

Die Reisen Kaiser Joseph II.

und

die Volkswirthschaft in Oesterreich-Ungarn.

Zum 100. Gedenktag seines Todes
am 20. Februar 1790
und aus Anlaß der großen land- und forstwirthschaftlichen Ausstellung
in Wien 1890.

Von

P. v. Radics.

Wien.
Verlag der „Oesterr.-Ungar. Revue".
1890.

Und es ist ein sehr gültiger Beweis von einem
großen Geiste, wenn man das Reisen liebt ....
Der Ackerbau, Handlung und Manufacturen zogen
seine ganze Aufmerksamkeit auf sich.
Leben und Geschichte Kaiser Joseph II.
Amsterdam (1790) I, S. 10, V. S. 125.

Kaiser Joseph II., dessen unvergänglichem Andenken diese Zeilen gewidmet erscheinen, hat schon gleich als Mitregent seiner unvergeßlichen Mutter, der großen Kaiserin-Königin Maria Theresia, und dann im letzten Decennium seines thatenreichen Lebens als Alleinherrscher über sein mächtiges Reich, fast ununterbrochen Jahr um Jahr Reisen in den einzelnen Provinzen seines weitausgedehnten Staates und zwischendurch eine Reihe von größeren Reisen ins Ausland unternommen, welche hinwieder durch die reichen Erfahrungen und tiefernsten Einblicke in die Zustände und Verhältnisse der vornehmlichsten fremden Staaten seiner Zeit von bedeutungsvollsten Folgen für die Hebung und Förderung der Staatswohlfahrt überhaupt, der Volkswirthschaft Oesterreich-Ungarns insbesondere, begleitet waren.

Ueber die hohe Bedeutung der Reisen eines Regenten in den seinem Scepter anvertrauten Ländern handelt Joseph II. selbst in der von ihm Ende 1765 verfaßten französischen „Denkschrift über den Zustand der österreichischen Monarchie", in welcher er beim Antritt der Mitregentschaft seine Regierungsgrundsätze detaillirte.[1]) Joseph erklärt in dem bezüglichen Abschnitte dieser Denkschrift[2]) ausdrücklich das Reisen

---

[1]) Maria Theresia und Joseph II. Ihre Correspondenz sammt Briefen Josephs an seinen Bruder Leopold. Herausgegeben von Alfred Ritter von Arneth. Wien 1868, III. Anhang, S. 335 ff.
[2]) Ibid. l. c. S. 359.

1*

eines Souverains für eine „absolute Nothwendigkeit" und findet es „unerläßlich", daß dieser sich überall hinbegebe, um selbst zu schauen, wie die Dinge beim Civil und Militär da und dort stehen.

„Es ist nicht das — schreibt er — daß man, wie ich zur Genüge weiß, durch seine Gegenwart und seine Einsichtnahme alle Mängel bessern könne, und wenngleich wir die Sachen verhüllt (masquées) und nach ihrer guten Seite sehen, so lernen wir nichtsdestoweniger bei öfterer Wiederkehr die Unterschiede kennen, man hört die bezüglichen Klagen an, nimmt Gegenstände wahr, um davon in der Folgezeit Gebrauch zu machen, man urtheilt über die Handlungen Anderer, man sieht Grund und Boden und erkennt deren natürliche Beschaffenheit."

Und diese Theorie hat Joseph, wie schon angedeutet, als fürsorglicher Regent in wohlgeübte Praxis umgesetzt, und er hat sowohl im Curse seiner großen Reisen außerhalb Oesterreich-Ungarns, nach Deutschland, Italien, Frankreich, Rußland einzelne Provinzen seines Reiches wiederholt berührt, wie auch behufs der von ihm unter allen Verhältnissen so hochgehaltenen Autopsie wiederholte specielle Fahrten in dieses und jenes seiner Königreiche und Länder unternommen.

Eine zeitgenössische Schrift,[1]) die sich eingehend mit Joseph II. Handlungen beschäftigt, sagt im Hinblicke darauf: „Vor allem war Joseph II. bedacht, seine Erbländer und seine Unterthanen näher kennen zu lernen. Er fing im Jahr 1766 an, sie zu besuchen und reisete unter Anderm bis an die türkische Grenze. Nichts Wesentliches entging seiner Bemerkung. Die Festungswerke, die Truppen, die Manufacturen, der Feldbau, der Zustand des Bürgers in Städten und des Landvolks — alles wurde von ihm durchforscht und untersucht. Die Abänderungen und Verbesserungen in der Folge haben deutlich genug bewiesen, wie scharf sein Blick in jeder Art war."

Desgleichen bewiesen ferner auch die vielfachen Neueinführungen zweckdienlicher Institutionen und Anstalten auf den verschiedenen Gebieten des Staatswesens wie des socialen Lebens, die Joseph II. nach der oder jener großen Reise im Auslande heimgekehrt ins Werk setzte, mit welchem Nutzen für sein Reich und seine Völker er immer gereist und wie er, der seine Touren gewöhnlich unter dem Incognito eines Grafen von Falkenstein zu machen pflegte, eben dadurch aller Orten — auswärts wie daheim — in der vortheilhaften Lage gewesen, den Ver-

---

[1]) Leben und Thaten Kaiser Joseph II. vom Jahre seiner Geburt 1741 bis zu seinem Tode 1790. Amsterdam. 1790, 5 Theile, I, S. 12 ff.

hältnissen und Zuständen leichter und rascher auf den Grund zu sehen.

„Schwerlich — sagt eine andere zeitgenössische Quelle[1]) — hat noch ein so Großer, ein so Erhabener seine Zeit auf Reisen unter ähnlicher Hülle so weise und so nützlich eingetheilt und angewendet als Er! . . . Er besuchte allerley Personen, betrachtete viele Sachen von mannigfaltiger Art, um sich als Regent, als Staatsmann, als Soldat und Feldherr, als Liebhaber und Beförderer der Wissenschaften, Künste, Manufacturen, Gewerbe, als Oekonom, als Bürgerfreund, als Mensch nicht sowohl nur so sich zu ergötzen, als vielmehr worauf es einzig und allein bei Ihm ankam, zu unterrichten."

Sein Auftreten auf Reisen war demgemäß und seiner gewohnten Einfachheit entsprechend, sowie noch unterstützt durch das beliebte Incognito, ein jeder Pracht, jedes Prunkes entbehrendes und ganz einfaches, wohl geregeltes; er lebte mäßig, streng und ordentlich, speiste des Tages nur einmal, ging nicht vorher schlafen, ohne die den Tag über gemachten Entdeckungen zu Papier zu bringen, Briefe an die Angehörigen zu schreiben, die Packete seiner öffentlichen Stellen, die ihm überall hin nachgesendet werden mußten,[2]) zu erledigen und die Courriere nach heim zu expediren.

Kein Tag, den er an einem fremden Orte zubrachte, verging, an welchem er nicht alle daselbst befindlichen beachtenswerthen Sehenswürdigkeiten und nützlichen Einrichtungen in Augenschein genommen hätte, ja selbst beim Aufenthalte von einer halben oder ein paar Stunden, beim Wagen- oder Pferdewechsel sah er sich nach dem und jenem Merkwürdigen um. Doch ohne sich — bei Lüftung des Incognito — rauschende Festlichkeiten bieten zu lassen, versäumte er nie und nirgends, der Gesellschaft den gebührenden Tribut zu zollen, und vermied er, Personen und Familien von Stand und Verdienst sein gefälliges unterhaltendes Wesen zu entziehen, seinen angestrengten Geist und ermüdeten Körper der Erholung anständiger und edler Ergötzlichkeiten zu berauben. Deshalb beschlossen bei ihm ein Schauspiel, wo nur möglich die Oper — Joseph war bekanntlich ein begeisterter Musikliebhaber und selbst tüchtig in Ausübung der Musik — und freundschaftliche Besuche den Tag, dessen größten und für seine Absichten brauch-

---

[1]) Anthologische Beschreibung der Reise des Herrn Grafen von Falkenstein nach Frankreich 1777. Schwabach, S. 72 ff.
[2]) Pezzl, Charakteristik Joseph II., 2. Auflage, 1790, S. 315.

barsten Theil er auf interessante Gegenstände und ernsthafte Beschäftigungen verwendet hatte.¹) Als Communicationsmittel auf seinen Reisen benützte er mit Vorliebe die gewöhnlichen „Postchaisen", reiste aber auch gerne zu Pferde über große Ebenen hin oder über die Gebirge, ja auch Fuß= reisen und Bergbesteigungen unternahm er ab und zu und trieb im Allgemeinen die Ermüdung auf Reisen bis auf das äußerste,²) gleichwie er weiters in Uebereinstimmung mit seiner im Allgemeinen beobachteten Schlichtheit am liebsten in einfachen Gasthöfen, ja selbst in Bauernhütten sein Absteigequartier nahm und die einfachste Kost mit seinen Wirthsleuten theilte.

Auch sein Lager war immer und überall ein sehr schlichtes; eine Hirschhaut, Stroh darauf und eine tuchene Decke und — das „Kaiser= bett" war fertig!

In seiner Toilette war Joseph auf Reisen mehr noch als gewöhn= lich höchst einfach; er trug ein Kleid zwar von feinstem Tuche aber ohne Borden, Rock und Weste gemeiniglich überein, die Beinkleider schwarz, weiche Stiefeln, den Hut ebenfalls ohne Borden und Federn, nur mit einer einfachen schwarzen Cocarde, und das Haar wie gewöhn= lich nur mit einer einzigen Locke zu jeder Seite. Seine Bedienten gingen einfach gekleidet, in einem tuchenen Ueberrocke, einer bordirten Scharlachweste und einem goldbordirten Hute.³) Nur ab und zu erschien er in Uniform, dann aber „die Brust geziert mit dreifachen Ehren= zeichen berühmter Ritterorden Seines großen Hauses".⁴)

Nur einen Aufwand gab es — und das war thatsächlich kein geringer — den er auf seinen vielen Fahrten und Touren daheim und auswärts liebte und dieser bestand in den von ihm jederzeit mit vollster Liberalität ausgetheilten, wahrhaft kaiserlichen Geschenken an das echte und das große Verdienst, wie und wo es ihm begegnete, anderseits in hülfreichen und ausgiebigen Spenden bei öffentlichen Nothlagen und gegenüber der verborgenen verschämten Armuth, wo er diese entdeckte und jene sich wies; der Dank Tausender und Tausender von ihm also Beglückter — denen er meist unbekannt entgegenkam — begleitete alle seine Wege!

¹) Anthologische Beschreibung, l. c. S. 74.
²) Ibid. S. 10.
³) Ibid. S. 75.
⁴) Joseph's II. ... in den Jahren 1780 und 1781 unternommenen Reisen ... von Geisler, Halle 1781, S. 7.

Was ihm aber die Herzen der Zeitgenossen vor allem gewann, das war sein ausnehmend liebenswürdiges Benehmen gegen Hohe und Niedere allerorts, sein geradezu bezaubernder Umgang.

„Seine ausnehmende Höflichkeit — darin stimmen auch alle Berichterstatter von seinen Reisen überein — seine Freundlichkeit und Herablassung, seine Leutseligkeit erzeugte allenthalben die höchsten, die vortheilhaftesten, die angenehmsten Begriffe von ihm."

Was Wunder daher, daß sich zu den zahlreichen poetischen Verherrlichungen, welche seine Herrschertugenden gleichwie seine Regierungsthätigkeit in der Heimath gefunden, auf seinen Reisen im Auslande gar manches Lob- und Preislied gesellte, das sein Erscheinen und Gehaben in der Fremde in dithyrambischen Klängen feierte.

Und so stehe denn, als Schlußstein gleichsam für diese die Reisen Joseph II. und ihren stets förderjamsten Einfluß auf Oesterreich-Ungarn einleitenden Zeilen ein derartiges, wohl im Geschmacke der Zeit überschwänglich austönendes, doch dabei die so glänzende Bethätigung des Kaisers in unserer Richtung treffend charakterisirendes Gedicht an dieser Stelle, das also lautet:

Auf Kaiser Josephs Reiße.

Wenn Joseph reißt in seinen eignen Staaten,
So will Er weislich seinen Völkern rathen,
Und seiner Länder Schutzgott reißt.
Wenn Joseph reißt in fremder Fürsten Staaten,
So will Er prüfend seh'n, was andre thaten;
Und aller Künste Schutzgott reißt.
Und wenn Er so gesehn, was andre thaten,
Und wenn Er so sein eigen Volk berathen,
So will Er nicht, daß Ihn der Dichter preißt.
Ihr Dichter, dies beweißt,
Daß es ein Gott ist, der in Josephs Hülle reißt,
Weil, was die Götter thun, sich wohl von selbsten preißt.

* * *

Unsere Darstellung der Reisen Joseph II. müssen wir in Einhaltung der chronologischen Reihenfolge mit einer kleineren Tour beginnen, und zwar mit der

Reise in Niederösterreich und Steiermark 1761.

Diese erste Reise Joseph II., über welche uns ein Detail vorliegt,[1] unternahm der 20jährige Thronfolger mit seiner ihm das Jahr

---

[1] Maria Theresia und Joseph II. Ihre Correspondenz... Von Alfred Ritter von Arneth. I, S. 12.

zuvor angetrauten ersten Gemahlin Isabella von Parma im Maimonde von Schönbrunn aus über Sieghartskirchen, St. Pölten, Lilienfeld, Annaberg nach Maria-Zell. Die Bewohner des altberühmten Wallfahrtsortes hatten den Kronprinzen schon als siebenjährigen Knaben in dem Weichbilde von Maria-Zell an der Seite seiner Schwestern, der Erzherzoginnen Maria Anna und Maria Christine, einziehen sehen, bei welch früher Ausfahrt aus der Burg seiner Väter auf den geistvollen und großherzigen Knaben die ganze imposante Schönheit und zugleich die volle Lieblichkeit der obersteirischen Gebirgswelt als erster und nachhaltigster Natureindruck so mächtig gewirkt, daß es Joseph später oft und oft und so auch jetzt alsbald nach seiner Verheirathung mit der geliebten, ihm bekanntlich dann so früh entrissenen, unvergeßlichen Gemahlin dahin zog.

Auf den schönen weißblinkenden Straßen, deren Zustand Joseph seiner Mutter als einen vortrefflichen schildert, ging es unter Führung eines ausgezeichneten Postillons in sechs, beziehungsweise fünf Stunden bis Lilienfeld. Die hohe Reisegesellschaft war am 29. Mai um 11 Uhr Vormittags vom kaiserlichen Lustschloß in Schönbrunn aufgebrochen und kam um 5 Uhr Nachmittags „glücklich" in Lilienfeld an; in Sieghartskirchen hatten Joseph und seine Gemahlin den „Viersitzer", in dem ihnen Maria Theresia eine Strecke das Geleite gegeben, verlassen und einen „Zweisitzer" bestiegen.

In St. Pölten war einstündiger Aufenthalt, und nahm man hier ein kleines, „in Wahrheit nicht schlechtes" Gouter im Kloster der Karmeliterinnen ein, deren Vorsteherin Joseph als „sehr verdienstvoll und von verständiger Rede" bezeichnet. Hierauf besuchte das erlauchte Paar das heute noch als ausgezeichnetes Erziehungsinstitut für Mädchen bestbekannte Kloster der englischen Fräuleins, wo sich der in dieser Stadt ansässige hohe Adel zum Empfange des erlauchten Paares eingefunden hatte, darunter auch der (preußische) General Fink von Finkenstein.[1]) Nach genauer Besichtigung dieses Convents geschah die Weiterfahrt nach Lilienfeld.

An dem noch wohlerhaltenen Hauptportale der Stiftskirche — einer Perle der mittelalterlichen Architektur — empfing der Prälat des vom Babenberger Leopold VII. gegründeten schönen Cistercienserklosters, Dominik Peckenstorfer, die hohen Gäste und geleitete sie in das Innere seines so vielfach sehenswerthen Gotteshauses, auf dessen Dach der

---

[1]) Arneth, l. c. S. 18.

Humor späterer Tage zur Erinnerung, daß zur Zeit der Stiftung ein Jägerhaus hier an der Stelle gestanden, die Figuren eines Hirsches, eines Wildschweines und eines Bären gesetzt hatte.[1])

Nach längerem Verweilen — während einer Litanei und einem Salve Regina — zogen sich Joseph und seine Gemahlin in ihre Gemächer, die „Kaiserzimmer" zurück, unter deren Fenstern ein Forellenteich sich befindet. Hier war den beiden Fürstlichkeiten ein überraschendes Vergnügen bereitet — sie konnten nämlich vom Stockwerke nach dem Teichspiegel unten die Angel auswerfen, und hocherfreut meldet Joseph seiner Mutter: „Ich hatte das Glück, am meisten Forellen zu fangen!"

Am nächsten Tage (30. Mai) erfolgte die Fortsetzung der Fahrt von Lilienfeld weg um 8½ Uhr und die Ankunft in Annaberg um 10½ Uhr Vormittags; um 1½ Uhr Nachmittags war das endliche Ziel Maria-Zell erreicht.

Vor der Wallfahrtskirche selbst erwartete der Prälat des gleichfalls in der oberen Steiermark, und zwar hart an der Kärntnergrenze, auf der Alpe gleichsam gelegenen, durch seine vorzügliche Rinderzucht (Mariahofer Schlag) in agronomer Beziehung stets vortheilhaft bekannten Benedictinerstiftes St. Lambrecht, das Kronprinzenpaar; bekanntlich gehört ja Maria Zell zu dem obengenannten Stifte, in dem auch — nebenbei bemerkt — der heutige Prälat Murnik von St. Lambrecht durch Jahre hin das Priorat von Maria-Zell besorgt hat.

Trotz der großen Erhitzung, die sich Joseph auf dem letzten Theile des Weges gegen Maria-Zell zugezogen hatte, folgte er sammt Gemahlin sofort nach der Ankunft dem Prälaten Berthold Sternegger in die Kirche, aber der erlauchte Reisende verließ dieselbe alsbald, um sich zurückzuziehen und — die Gewänder zu wechseln. Die hohe Reisegesellschaft war nämlich — wie Joseph es seiner Mutter ausführlich schildert — die letzten fünf Stunden hindurch großer Hitze ausgesetzt gewesen und war überdies kurz vor dem Gnadenorte von einem Gewitter mit Regen ereilt worden, zudem noch hatte er selbst, da die Pferde seines Wagens — wie er humoristisch beifügt — zwar stark in den Beinen, aber dabei auch allzu friedlich waren, diese ganze Strecke zu Fuß gemacht. „Euer Majestät können — schreibt er wörtlich — den Schritt beurtheilen, den ich ging, wenn ich bemerke, daß Marschall Batthyany (der Oberfthofmeister) die ganze Zeit über neben mir zu Pferd war und daß ich mich immer am Wagenschlag neben meiner Frau hielt."

---

[1]) Weißkern, Topographie von Niederösterreich. I, S. 363.

Nachdem Joseph seine Toilette beendet hatte, empfing er sofort eine Anzahl Herren vom Adel, darunter auch Landstände der Steiermark, die zum Zwecke seiner Begrüßung eigens hergekommen waren, seine Gemahlin empfing die Damen. Nach dem Diner besichtigten die Fürstlichkeiten die Schatzkammer, dann war Litanei mit Salve Regina und um 7 Uhr zog sich Alles zur Ruhe zurück. Am folgenden Morgen begann die Andacht schon bald nach 7 Uhr, und nach Anhörung von drei Messen folgte ein feierliches Hochamt, dann Diner und alsbald die Abreise. Als Erinnerung an ihre Anwesenheit ließen Joseph und Isabella eine goldene Lampe — ein doppeltes Herz darstellend — zurück, deren längere lateinische Inschrift außer veränderten Namen und Datum ganz die jener Lampe war, welche 1736 Franz und Maria Theresia bei ihrer Anwesenheit gespendet.[1])

Den Brief aus Maria-Zell an seine liebende Mutter schließt aber Joseph mit dem Postscriptum: „Ich habe alles so arrangirt, daß Jedermann nach Maria-Zell kommen kann," was sich wohl auf Zufahrt, Unterkunft, Bequemlichkeit, überhaupt Hebung des Verkehrs bezogen haben mag, um der ihm so theuer gewordenen Stätte einen Nutzen zu verschaffen, zu der er dann 1764, 1766, 1767, 1786 wiederkehrte, von welch letztem Besuche wir dann an dem gegebenen Orte ausführlicher sprechen wollen.

Die erste größere Fahrt Joseph II. war die zur Königskrönung unternommene

Reise nach Frankfurt 1764.

Diese Reise führte ihn in Begleitung seines Vaters des Kaisers Franz I., sowie seines Bruders Leopold und einer größeren Suite auf dem Hin- und Rückwege durch die fruchtreichen Gaue von Oberösterreich und lernte er auf der Heimfahrt namentlich die prächtigen, so wechselreichen und stimmungsvollen Donauuferlandschaften kennen, wohl etwas beeinträchtigt vom üblen Wetter, aber doch immerhin nicht ohne tiefere Eindrücke davon zu empfangen.

Auch hier auf jenen ausgezeichneten Straßen, die ein zeitgenössischer „Bädeker" Namens Dutens[2]) als Charakteristikon dieses Theiles von

---

[1]) Grundriß einer Geschichte ... der Kirche und des Ortes Maria-Zell. Von Marian Sterz, Wien, 1819. S. 85.

[2]) Von der Strecke Unterhaag über Linz, Enns, Mölk, Wien, sagt Dutens: Itineraire des routes les plus frequentés ... de l'Europe. Paris 1775. Pag. 92: A Unterhaag on entre dans les Etats de la Maison d'Autriche, ou l'on trouve de tres beaux chemins et ou les postes sont mieux servis.

Oesterreich hervorhebt, langten die hohen Reisenden von Wien am ersten
Tage (12. März) Nachmittags 5 Uhr in Mölk an¹) und nahmen das
Absteigequartier im altberühmten Benedictinerstifte. In dem zu Häupten
hoch sich wölbendem Eingangsthore konnten sie ihre Blicke nach der
Decke richten, wo jene merkwürdige runde Oeffnung zu sehen, die nach
der einstigen Haupteinnahmsquelle dieses Klosters, dem Körnerzehente,
der „reisende Metzen" genannt,²) unter dieser Bezeichnung das Stift
Mölk als eines der reichsten in Niederösterreich dem „klingenden Pfennig"
(Göttweih) und dem „rinnenden Zapfen" (Klosterneuburg) angereiht.

Der Prälat Urban Hauer, ein sehr braver Herr, wie Joseph ihn
nennt, geleitete seine erlauchten Gäste in die „Kaiserzimmer" und zeigte
sich eifrigst bemüht, sie nach Kräften zu unterhalten, es wurde ihnen
zu Ehren eine Oper aufgeführt, „deren Worte gut und nicht allzugesucht
waren" und die „eine sehr liebliche Musik" zu Gehör brachte.³)

Am nächsten Tage (13. März) ward in Enns — im Auersperg'schen Schlosse Ensegg — Station gemacht; an der oberösterreichischen Grenze hatte sich der Adel aus Linz sehr zahlreich zum
Empfange eingefunden und bewies — wie Joseph hervorhebt — besonders die 19jährige Gräfin Thürheim, Gemahlin des oberösterreichischen
Landeshauptmanns Grafen Thürheim und Tochter des Staatskanzlers
Kaunitz, daß sie eben die Tochter eines Mannes von viel Geist.

Unter Schnee und Regen, aber beim besten Appetit — „die
Forellen und die Milch Oberösterreichs hatten vollauf zu thun" —
langten die höchsten Herrschaften am 14. März über Linz in dem sechs
Meilen davon entfernten wohlummauerten Peuerbach an, wo das
letzte Nachtquartier auf österreichischem Boden genommen wurde. Das
nächste (am 15. März) war schon in Bayern (Vilshofen).

Die Ankunft in Frankfurt durch Bayern und Franken (Mergentheim, Heissenstamm) erfolgte am 29. März, und währte der Aufenthalt
in der Krönungsstadt anläßlich der großartigen Festlichkeiten und der
heil. Ceremonien daselbst bis einschließlich 9. April. Was es besonders
bei dieser Krönung Joseph II. da zu schauen gab — wer könnte es wohl

---

¹) Verzeichniß deren von Seiner Röm. Kays. Majestät Joseph II. auf Aller-
höchstderen Reisen genommenen Nachtstationen vom Jahre 1764 bis 1790. Von
Franz Ludwig de Selliers Chevalier de Moranville... Manuscript der k. k. Hofbibliothek in Wien.
²) Ein Benedictinerbuch von Sebastian Brunner, Würzburg, Leo Woerl.
S. 281.
³) Maria Theresia und Joseph II. Ihre Correspondenz... Von Ritter von
Arneth. I, S. 19 ff.

trefflicher und farbenreicher schildern als es Altmeister Göthe gethan in seiner „Wahrheit und Dichtung" und dessen schönste Jugenderinnerungen an Gretchen ja eben mit diesem Festgepränge zusammenfielen.

Nicht minder lebhaft als Göthe mochte wohl der jugendliche römische König selbst sich angeregt fühlen von den Verrichtungen der Reichserzämter, als da nach uraltem Herkommen auf den Platz des mächtigen „Römer" herbeiritt der Erzmarschall des Reiches, aus dem aufgeschütteten Haufen Hafer das silberne Fruchtmaß anfüllte, mit dem silbernen Streicher abstrich und dann das Fruchtmaß wieder ausleerte, den Hafer dem Volke preisgebend, der Erzkämmerer vom linnengedeckten Tische das silberne Handbecken sammt Gießkanne und Handtuch erfassend und diese — vom Pferde steigend — nach dem kaiserlichen Speisesaale trug und der Erztruchseß aus der auf dem Platze aufgeschlagenen Küche von dem darin gebratenen Ochsen ein Stück zugedeckt zur kaiserlichen Tafel trug.[1])

Wie tief anheimelnd dem volksfreundlichen Joseph diese auf frühe Zeiten zurückreichenden volksthümlichen Gebräuche und das ganze Volkstreiben an dem Hauptfesttage ans Herz griffen, erhellt aus dem einen Satze, in den er in seinem Berichte an die geliebte Mutter alles zusammenfaßt: „Le coup d'oeil à voir le Römer, comme il etait rempli etait quelque chose d'unique." — als „etwas einziges" also bezeichnet er den Blick auf den von den Volksmassen erfüllten Platz des Römer!

Nach der Fülle der mannigfaltigsten sinneberauschenden Anblicke und Eindrücke, die Josephs hohem Geiste, edlem Herzen und reichem Gemüthe in seinem Jugendalter von 23 Jahren hier in Frankfurt geworden, wirkten nun noch verstärkt die Bilder, die dem Könige auf dem Heimwege während der Donaufahrt sich boten!

Nachdem am 12. April die damalige Residenz des hohen deutschen Ritterordens, das von Joseph als „ebenso groß als wohnlich" bezeichnete Schloß Neuhaus unweit Mergentheim verlassen worden, kamen die erlauchten Reisenden noch am selben Tage nach Donauwörth, um sich hier einzuschiffen. „Das Schauspiel — schreibt Joseph — war in der That herrlich, alle die Schiffe vereint zu sehen und zugleich die Massen Volkes, die als Zuseher erschienen waren." Und nun gings bei freilich meist recht schlechtem Wetter, Regen und Wind die Donau hinab vom 14. bis 18. April an Ingolstadt, Regens-

---

[1]) Ueber Teutschland, Kaisertodesfall, Trauer … Wahl, Krönung, Gerechtsame des teutschen Kaisers. Kempten und Leipzig, 1790. S. 180 f.

burg,¹) Straubing u. s. w. vorbei zunächst nach Linz. Auf dieser Tour interessirte Joseph am meisten das Passiren der großen Regensburger Brücke, „was ohne jede Gefahr von Statten ging", so daß er alles darüber Erzählte für „übertrieben" erklärt; „freilich — bemerkt er dennoch — ist es wahr, daß das Wasser dort sehr reißend ist und die Passage sehr beengt, wenn man nicht gut hindurchzustreifen versteht."

In Linz kam man in den ersten Tagen der Charwoche an (18. April) und machte hier den Beginn der kirchlichen Osterceremonien mit. Am 19. April besichtigte Joseph die unter seinem Großvater, dem unermüdlichen Förderer der Volkswirthschaft Oesterreichs, Kaiser Karl VI., begründete mit einem sogenannten Filatorium versehene großartige Wollfabrik,²) welche, wie auch der ansehnliche Handel von Linz, den der schon genannte Dutens besonders heraushebt,³) seine vollste Aufmerksamkeit in Anspruch nahm. Außerdem besichtigte Joseph das „überaus große und stark gebaute l. f. Schloß, worin er ein Gemach mit schadhaft gewesenem Gebälk vorfand, dessen Ausbesserung jedoch alsbald erfolgte".

Von Linz wurde am 20. April aufgebrochen und dann nur mehr im Stifte Mölk Station gemacht, bis wohin Maria Theresia ihren Lieben entgegengekommen war und wo nun Charsamstag und Ostersonntag gemeinschaftlich gefeiert wurden.⁴) Die Rückkehr nach Wien hatte dann am 22. April statt.

Reise nach Tirol 1765.

Zur Vermählung seines Bruders Leopold, des Großherzogs von Toscana mit der Infantin Maria Ludovica, Tochter König Karl III. von Spanien, begab sich im Juli 1765 Maria Theresia in Begleitung ihres Gemahls Kaiser Franz I., ihrer Söhne des römischen Königs Joseph, des Großherzogs Leopold, des Bräutigams, und der Erzherzoginnen Maria Anna und Maria Christine auf die Reise nach Tirol, wo in der Landeshauptstadt Innsbruck das fürstliche Beilager unter großen Festlichkeiten begangen wurde, die jedoch

---

¹) Im Jahre 1780 verlieh der Stadt Regensburg Kaiser Joseph die Wiedereinräumung der Anlandungsgerechtigkeit an der Donau. Lexikon von Hübner. Ausgabe 1795. S. 1682.

²) Siehe: Mein Kaiser Karl VI. als Staats- und Volkswirth. Innsbruck, Wagner'sche Universitätsbuchhandlung, 1886. S. 39.

³) Lintz est une assez belle ville, il y a quelques beaux édifices, beaucoup de noblesse et un Commerce interieur considerable. l. c. p. 93.

⁴) Brunner, l. c. S. 275.

bekanntlich ein schrilles Ausklingen hatten in dem daselbst plötzlich erfolgten Tode Kaiser Franz I.

Alfred von Arneth, der Historiograph der Zeit Maria Theresia's und Joseph II. sagt bei Schilderung der Abreise des kaiserlichen Hofes aus Wien, die am 4. Juli zeitlich früh nach Anhörung einer heiligen Messe bei St. Stephan (¹/₂5 Uhr Morgens) durch die von dichten Volksmassen erfüllte Kärntnerstraße erfolgt war, so schön: „Von der ganzen Bevölkerung, die in den engen Straßen zusammengedrängt den Reisenden den Abschiedsgruß zuwinkte, besaß Niemand eine Ahnung von dem Ereignisse, welchem diese entgegengingen."[1]

In äußerst rascher Fahrt erreichte die hohe Reisegesellschaft noch am selben 4. Juli Abends 9 Uhr das unweit Graz gelegene Schloß Eggenberg, wo behufs Besuches der so lieblichen Hauptstadt der Steiermark ein viertägiger Aufenthalt genommen wurde, während dessen dann die Allerhöchsten und höchsten Herrschaften in der Grazer Burg den steirischen Herzogshut, welchen Maria Theresia mit acht kostbaren Perlen zierte und den alten erzherzoglichen Schatz sich zeigen ließen.[2] Am 9. Juli Morgens ward die Weiterreise über Leoben angetreten, wo am folgenden Tage, leider bei übelstem Wetter, eine Jagd auf Gemsen abgehalten wurde, an welcher die anwesenden Mitglieder der kaiserlichen Familie, der römische König mit eingeschlossen, sich betheiligten. Schon einige Tage zuvor hatten über tausend Jäger und Holzknechte mehrere hundert Gemsen auf dem „Reibing" zusammengetrieben, des Nachts brannten, um ihr Entweichen zu verhindern, fast unzählbare Feuer. Gleichwohl war in Folge der Ungunst der Witterung die Jagdbeute verhältnißmäßig nicht groß, indem nur etwa 50 Gemsen auf die Decke gestreckt wurden.[3]

Am frühesten Morgen des 11. Juli verließ man Leoben und traf noch am selben Tage (halb 8 Uhr Abends) in der Landeshauptstadt von Kärnten, in dem reizumflossenen Klagenfurt an, wo zur Begrüßung des kaiserlichen Hofes großartige Festvorbereitungen getroffen waren und wo unter anderem eigens das von einem Schüler Donner's, von Balthasar Moll verfertigte Standbild der Kaiserin „aus Composition" errichtet worden, das erst in unseren Tagen durch ein dauerhaftes Bronzedenkmal aus der Munificenz des k. k. Oberbaurathes Karl Baron Schwarz ersetzt wurde.

[1] Maria Theresia's letzte Regierungszeit 1763 bis 1780. I, S. 145.
[2] Graz ... Von Ilwof und Peters. Graz, 1875. S. 222.
[3] Maria Theresia's letzte Regierungszeit. I, S. 146.

Das Absteigequartier hatten die Majestäten und die Erzherzoginnen in Klagenfurt im Palais Rosenberg, der römische König Joseph in der Burg, Leopold Großherzog von Toscana beim Grafen Goës genommen.

Unter den Aufzügen, die anläßlich der Anwesenheit des kaiserlichen Hofes hier stattfanden, erregten das meiste Interesse die tausend Bergleute „in ihrer eigenthümlichen Tracht mit ihrer sonderbaren Musik, ihren Fahnen und der uralten Haupttrommel", sowie der am Abend des 12. Juli von den Hüttenberger Bergknappen auf dem Hauptplatze aufgeführte ebenso seltene als charakteristische Tanz. Von vorgenommenen Besichtigungen erscheinen in dem zeitgenössischen Berichte [1]) die der Bleiweißfabrik von Herbert und der Thysischen Tuchfabrik besonders hervorgehoben. Das Dejeuner an diesem Tage hatte Maria Theresia in dem ebenso charmant gelegenen als nett gebauten Schlosse Ebenthal (unweit Klagenfurt) des Ajo der jüngeren Erzherzoge, des Grafen Goës eingenommen. [2])

Die Weiterreise nach Tirol ward am Morgen des 13. Juli angetreten und bot dann namentlich das herrliche Pusterthal die mannigfaltigsten Natureindrücke; am 15. Juli Abends nach 5 Uhr langte der kaiserliche Hof von Schönberg über Wilten in Innsbruck an.

Es würde zu weit gehen und auch außerhalb des Rahmens dieser Studie fallen, wenn wir hier ausführlich alle Feierlichkeiten schildern wollten, die der höchsten Lust wie leider auch der tiefsten Trauer, die sich in grausem Contraste jäh aneinander treffend, zwischen diesem 15. Juli und dem 1. September, dem Tage der Abreise ohne den „geliebten Franzl" hier zu Innsbruck abgespielt.

Nur dasjenige, was Joseph während dieses seines ersten Aufenthaltes hier in nähere in der Richtung unseres Themas gelegene Beziehungen zu Land und Leuten des durch seine unvergleichlichen Naturschönheiten wie durch die Biederkeit und Tüchtigkeit seiner Bewohner gleich ausgezeichneten Tirol brachte, soll an dieser Stelle aus der Fülle der Ereignisse und Erscheinungen ausgehoben werden.

Schon wenige Tage nach der Ankunft in Innsbruck unternahm Joseph eine Tour ins Land hinein. Den 22. Juli Morgens halb 8 Uhr fuhr Joseph in Begleitung der Grafen Schaffgotsch und Künigl und

---

[1]) Bericht des Mercantilrathes Werfenstein im Handbuch der Geschichte des Herzogthums Kärnten. Von H. Herrmann. II, S. 212 ff.

[2]) Maria Theresia's Briefwechsel mit Ihren Kindern und Freunden. Herausgegeben von Ritter von Arneth. I, S. 57.

des Freiherrn von Reischach incognito von Innsbruck ab, um auch die inneren Landestheile der Länge nach zu besichtigen, von welcher Reise er am 26. Juli Mittags wieder in Innsbruck eintraf.

„Ob es auf dieser oder auf einer besonderen Excursion geschah — schreibt Zoller in seiner Geschichte der Stadt Innsbruck[1] — konnte ich nicht erfahren, doch so viel versicherte man mich in der Neustift im Thal Stubai, daß der römische König Joseph um diese Zeit auch eine Gletscherreise zum Alpeiner-Ferner im Obernberg unternommen habe." Auf dieser Tour hatte Joseph — wie Arneth anführt — auch die Städte Bozen, Trient und Roveredo besucht und den Gardasee bis Limone befahren, wo ihm die Brüder Bettoni ein glänzendes Fest bereiteten.[2]

In den nächsten Tagen folgten dann die Besuche des römischen Königs in Hall, wo der Salzberg befahren, und in Schwaz, wo der Erbstollen angefahren wurde, und am 29. Juli, Schwaz nochmals berührend, in Brixlegg und im Achenrain, wo die Schmelzwerke und Messingfabriken in Augenschein genommen wurden.[3]

Nach dem feierlichen Einzuge der Infantin-Braut in Innsbruck am 2. August begannen dann die Festlichkeiten.

Ein äußerst lebensvolles und besonders charakteristisches eigenartiges Bild bot in erster Linie die am 4. August vom Prälaten des vor Innsbruck so imposant sich erhebenden alten Prämonstratenserstiftes Wilten (Wiltau) veranstaltete, an ein von den Stiftsmusikanten aufgeführtes lustiges Singspiel sich anschließende, tirolische Bauernhochzeit. „Die Bauern und Bäuerinnen vom Dorfe Wilten zogen mit ihren Spielleuten in den Saal, machten vor Ihren Majestäten und Königlichen Hoheiten ihre Einladung und unterhielten Höchstdieselben mit ihren Tänzen nach Landesart, woran die Kaiserin ein solches Wohlgefallen hatte, daß sie Diejenigen, welche das Brautpaar darstellten, mit einem kostbaren Ring zu beschenken geruhte."[4]

Zur Hauptvergnügung des „Volkes von Schützen", der treffsicheren Tiroler, zum großen Freischießen hatte Joseph in seinem und im Namen seiner durch Unpäßlichkeit an der Mitreise verhinderten zweiten Gemahlin als erstes Best zwei große Girandoles von Silber zu 225 fl., als zweites einen runden Speisetopf sammt Tasse zu 160 fl.,

[1] Innsbruck 1825. (Wagner.) II, S. 190.
[2] Maria Theresia ... 1763 bis 1780. I, S. 146.
[3] Zoller, l. c S. 191.
[4] Zoller, l. c. S. 193.

als drittes sechs Paar Messer, Gabel und Löffel zu 120 fl., zum ersten Kranzbest eine fünfzehnfache goldene Krönungsmedaille mit Oerl und Ring zu 65 fl., zum zweiten eine zehnfache goldene Vermählungsmedaille zu 43 fl., dem Ritter eine silberne Theekanne zu 48 fl., zusammen 661 fl. im Werthe gespendet.¹)

Dieses Römisch-Königschießen hatte noch stattfinden können... da verschied am 18. August halb 10 Uhr Abends Kaiser Franz I. in der Hofburg zu Innsbruck in den Armen seines Sohnes Joseph auf dem Gange vom Theater nach seinen Gemächern!

Nach den Trauerfeierlichkeiten, bei denen, wie gleich bei der ersten Schreckenskunde vom Tode des Kaisers, die kaisertreuen Tiroler die ganze reiche und tiefe Innigkeit ihres Patriotismus, ihrer Loyalität für das Haus Habsburg kundgegeben, reiste Großherzog Leopold mit seiner Gemahlin nach Florenz ab, und gab ihnen Joseph das Geleite bis Sterzing. Am 1. September gegen 9 Uhr Abends verließen die Kaiserin-Königin Maria Theresia, Joseph und seine Schwestern Innsbruck, um zu Wasser die Heimfahrt anzutreten, auf welchem Wege der Leichnam des Kaisers bereits am 24. August vorausgefahren war. Sie übernachteten vor Hall in drei Schiffen und am 2. September Morgens erfolgte, begleitet von 19 Schiffen, die Abfahrt,²) die Ankunft in Wien am 6. September.³)

Die so schmerzgebeugte Kaiserin-Witwe berief nun, wie bekannt, den römischen König Joseph zur „Mitregentschaft".

Reise nach Böhmen, Sachsen, Schlesien und Mähren 1766.

Die erste Reise Joseph II. nach Antritt der Mitregentschaft, um die Theorie der vorgenannten „Denkschrift" über das Bereisen seiner Staaten praktisch auszuführen, galt dem bedeutendsten Theile des heutigen Cisleithanien, dem Königreiche Böhmen, wenngleich in erster Linie vom militärischen und strategischen Standpunkte.

Wie mußte aber doch dabei die eigene Anschauung der Verhältnisse in dem so hervorragenden Lande auf den jugendlichen Kaiser anregend wirken, in einem Lande, so reich durch die mannigfaltigsten Erträgnisse seines Bodens, wie durch die Erzeugnisse einer hochentwickelten emsigen Industrie, bewohnt von einer tüchtigen, gebildeten Bevölkerung und berühmt durch eine großartige Geschichte, in welcher

---
¹) Zoller, l. c. S. 194.
²) Zoller, l. c. S. 207.
³) Maria Theresias letzte Regierungszeit. I, S. 168.

in dem Momente, da wir diese Zeilen schreiben, wieder ein neuer und so hochbedeutsamer Markstein in dem durch Sr. Majestät Kaiser Franz Joseph I. hochherzig und weise eingeleiteten und vom Ministerpräsidenten Grafen Taaffe meisterhaft durchgeführten Ausgleiche zwischen zwei hochbegabten Volksstämmen erstanden ist!

Gleich als die erste Station, die Joseph II. auf dem Wege von Wien gemacht (8. Juni), nennt uns das „Itinerar"[1]) das herrliche, eben im 18. Jahrhunderte durch den ausgezeichneten Fürsten Adam Franz zu Schwarzenberg so ansehnlich vermehrte Latifundium von Wittingau mit seiner hochinteressanten in das 14. Jahrhundert zurückreichenden Teichwirthschaft und den ausgedehnten Torfmooren, von welchem echtfürstlichen Besitzthume es nun rasch dem Artillerielager bei Moldautein zuging, das daselbst Fürst Wenzel Liechtenstein, der geniale Regenerator des österreichischen Artilleriewesens, zusammengezogen hatte. In Begleitung des Kaisers auf dieser hauptsächlich militärischen Inspectionsreise befanden sich Prinz Albert von Sachsen, FM. Lacy, die Generale Nostitz und Joseph Colloredo. Im Lager selbst waren auch die FZM. Laudon und Wied anwesend.

Vier Tage verweilte Joseph im Theiner Lager, den eifrigsten Antheil an den Uebungen der Truppen sowohl im Exerciren, wie im Schießen nehmend.

Am Abend des 13. Juni verließ Joseph Thein und ging über Pisek nach Pilsen; am 15. war er in Karlsbad, „dessen schon damals ziemlich bequem für die Badegäste eingerichtete Häuser seit dem großen Brande von 1759 weit artiger aufgebaut erschienen,"[2]) und am 16. in Eger, dem hervorragenden Objecte der Vertheidigung und des Angriffes im österreichischen Erbfolgekriege und das erst seit 1743 ein ruhigeres Leben führte. Ueber Fribus, Weipert, Kallich, Dux (21.) und das „Bad der Bäder," Teplitz (22.), wo der Besitzer des Schlosses Fürst Clary „auch Gärten und Alleen zum Vergnügen der Badegäste hatte anlegen lassen," verfügte der Kaiser sich nach Pirna, wo er das Lager aus dem Kriegsjahre 1756, und dann nach Plauen, wo er gleichfalls das Lager besichtigte, und traf am 24. Juni in Dresden ein. Nach zweitägigem Aufenthalte daselbst — während dessen sich außer den sonstigen reichhaltigen Sehenswürdigkeiten, vorab an Kunstwerken, die seit 1751 eingeweihte röm.=kathol. Hofkirche, die 1764 neueingerichtete Akademie der bildenden Künste, dann vortreffliche Manufacturen und Fabriken von allerlei Art, sowie die kunstreiche „Stuck= und Glocken=

---
[1]) Manuscript der k. k. Hofbibliothek.
[2]) Hübner, l. c. S. 418.

gießerei" seiner Aufmerksamkeit darboten — ging er nach Torgau; "überall wurden die Lagerplätze und die Schlachtfelder, welche im siebenjährigen Kriege so große Berühmtheit erlangt hatten, mit höchster Aufmerksamkeit studirt, Bautzen und Hochkirch wurden besichtigt." [1]) Ueber Königsbruck gelangte Kaiser Joseph dann nach Herrnhut, vor Allem gespannt auf die weltbekannte Bruder-Unität der "Herrnhuter". "Ich habe — ruft er in seinem Briefe an Maria Theresia dd. Reichenberg 30. Juni aus [2]) — ihre Façon zu leben gesehen, sie ist sehr eigenthümlich," und mit Bezug auf ihre Leistungen, die er in den Fabriken, in erster Linie bei der Fabrication der hoch= renommirten "Herrnhuter=Leinwand", beobachtete, setzte er bei: "Sie arbeiten wunderbar"; außer der Leinwandfabrication besaß Herrnhut um diese Zeit Kattun=, Siegellack=, Messer=, Stahl=, Sattler= und Schuhmachermannfacturen.

Ueber Zittau kehrte Joseph auf österreichisches Gebiet zurück. Am 30. war er — wie schon angedeutet — in Reichenberg, wo er mit Genugthuung die guten heimischen Tücher bewundern konnte.

Hohenelbe, Braunau, Jaromirz passirend, kam er nach Opotschno, von wo der nächste Brief an seine Mutter unterm 5. Juli datirt ist [3]), und von wo er bis zum Wiederzusammentreffen in Olmütz einen großen Theil seiner Suite vorausgeschickt hatte, so daß inzwischen sein "Train" nur aus zwei "Kaleschen" und zwei "Laternwagen" bestand. Dem Grenzzuge folgend, setzte Joseph seine Reise in östlicher Richtung fort. Unsern von Senftenberg vom Spieglitzer Schneeberge aus überblickte er einen Theil der Grafschaft Glatz, am nächsten Tage aber (8. Juli) von dem Goldensteiner Schneeberge die Festung Neisse und deren Umgebung. "Wie Moses," schreibt er seiner Mutter, [4]) sahen wir das gelobte Land, ohne es zu betreten. Zwei Tage später (10. Juli) befindet sich der Kaiser — nach einem kurzen Aufenthalte in Jägern= dorf (9.) — in Troppau, das ihm, obschon beim Brande von 1758 nur 94 Häuser stehen geblieben waren, schöne Gebäude, seine Kirchen und Klöster, ein steinernes Rathhaus und zwei schöne, große Markt= plätze wies; zur Aufnahme des Handels—die Troppauer Seife u. A. war weit und breit für die beste geschätzt — waren von Maria Theresia 1749 zwei neue Hauptjahrmärkte, jeder zu drei Wochen, zugestanden worden.

---

[1]) Maria Theresia's letzte Regierungszeit. I, S. 219 ff.
[2]) Corr. I, S. 181.
[3]) Corr. I, S. 184.
[4]) Aus Zuckmantel, 8. Juli, Corr. I, S. 185.

In die Zeit vom 10. bis 18. Juli fielen die Besuche von Olmütz — wo er die gesammten Innenräume der Festung, sowie sein Regiment en parade und beim Exercitium inspicirte — von Wischau, Austerlitz und Brünn; in Brünn, „dem besten Handelsorte Mährens," betrat er auch die schauerlichen Gefängnisse des „Spielberg" und inspicirte er das Regiment Siskovich. Das letzte Nachtlager auf dieser ebenso strapazanten wie interessanten Tour wurde auf dem schönen Schlosse Nikolsburg genommen und am 20. Juli kehrte Joseph freudigst nach Wien und in die Arme seiner Mutter zurück, nachdem er ihr in seinem letzten Schreiben (Brünn 18. Juli)[1] versichert hatte, „daß der Kaiser, wenn er selbst nach Indien ginge, nie aufhören würde zu bleiben — der alte Joseph."

Im September aber besuchte er noch einmal die Lager in Mähren und in Böhmen und besichtigte bei diesem Anlaß das große berühmte kaiserliche Gestüt in Klabrub und dann im Detail die Festung Königgrätz.

Reise durch Ungarn und das Banat 1768.

Im Capitel über Josephs Erziehung sagt sein Zeitgenosse und Biograph Pezzl[2]: „Die immer dankbare Theresia wählte eines der glücklichsten Mittel, um der ungarischen Nation ihre Gnade und Gewogenheit recht anschaulich darzustellen. Ihr geliebter Prinz Joseph wurde in die ungarische Nationaltracht gekleidet, erhielt Unterricht in der ungarischen Sprache, und die Ehre, sein Hofmeister zu sein, ward dem ungarischen Grafen und Feldmarschall Battyhany zu Theil."

Und als Joseph von der römischen Krönung in Frankfurt heimkehrend noch in Linz weilte (18. April 1764), da beeilte sich Maria Theresia ihm das Großkreuz des neugegründeten St. Stephanordens entgegenzusenden, worauf er ihr erwiederte, „daß er nur zweifle, ob er ihn schon tragen dürfe".[3]

Ein Jahr später präsidirt Joseph dem Ordenscapitel, in welchem dieser Orden in Großkreuzen an Battyhany, Joseph Wenzel Liechtenstein, Colloredo und Kaunitz verliehen ward.

Einer Aufforderung Maria Theresia's aus Preßburg (Ende Januar 1767), „nächster Tage" nach dort zu kommen, setzte Joseph die Bitte entgegen, sie möge ihm gestatten ein anderesmal Preßburg zu

---

[1] Corr. I, S. 191.
[2] Corr. I, S. 120.
[3] l. c. S. 11.

besuchen, wenn es nicht so lärmend dort zugehen würde, wie im Augenblick. „Il serait peu conséquent" — schreibt er — „pour un homme qui ne danse pas lorsque l'on danse à sa porte, de courir six heures par des neiges chercher un bal, de même que d'aller se géler pour voir un festin, lorsque l'on ne va pas voir ceux qui se donnent dans sa propre demeure." [1])

Die erste Reise nach Ungarn unternahm Joseph im Jahre 1768 im April und dehnte dieselbe bis in das Banat aus; er kehrte erst im Juni nach Wien zurück.

Pezzl sagt: „Er ging bis an die türkische Grenze, besah die Festungswerke, die Truppen, die Manufacturen, den Feldbau, den Zustand des Bürgers in den Städten und des Bauers auf dem Felde. Die Türken sahen jetzt zum ersten Male ihren großen Nachbar."

Der Verfasser des Verzeichnisses der Nachtstationen [2]) notirt von dieser Reise durch Ungarn und das Banat nachfolgende Aufenthalte: April 15. Raab, 16. Pest, 17. bis 19. Szegedin, 20. St. Miklos, 21. bis 23. Arad, 24. Lippova, 25. Kapolnack, 26. Lugos, 27. und 28. Karansebes, 29. Mehadia, 30. Schuganet; Mai 1. Dubova, 2. Persaka, 3. Fibiby, 4. Weißkirchen, 5. Ujpalanka, 6. Palvanistie, 7. und 8. Pancsova, 9. Tomaschowitz, 10. Beccy, 11. Kikinda, 12. Czoka, 13. bis 16. Temesvar, 17. Alibonar, 18. Titel, 19. bis 22. Peterwardein, 23. und 24. Semlin, 25 Kupinvoar, 26. Ratscha, 27. Vinkovce, 28. Brod, 29. Altgrabisca, 30. bis 31. Essek; Juni 1. Essek, 2. Segiard, 3. und 4. Pest, 5. Papa, 6. und 7. Raab, 8. und 9. Preßburg, 10. nach Wien.

Auf dieser Reise befand sich in seiner Gesellschaft sein Schwager Albert Herzog von Sachsen-Teschen und der Graf Nostitz. Letzterer führte auch das officielle Reisejournal, in das Joseph täglich seine Wahrnehmungen dictirte. Daneben hatte er aber noch sein Privatnotizenbuch. Dasselbe ist ein Büchelchen in Querformat aus einfachem Papier mit weißen Fäden zusammengenäht. Es umfaßt im Ganzen nur einen Bogen, und die Anmerkungen sind ohne jede Rücksicht auf Orthographie schlagwortartig notirt.[3])

Am 20. April kam Joseph zu Pferde von Szegedin her im Banate an.

[1]) Corr. I, S. 212.
[2]) Selliers de Moraville, Manuscript der k. k. Hofbibliothek.
[3]) Wiedereinverleibung des Temeser Banates in Ungarn im vorigen Jahrhundert von Dr. Eugen Szentklarow. (Auszug in der Grazer Zlg. 1880.)

Auf der nun folgenden Reise durch das Banat hatte Joseph II. 249 Stunden zu Pferde verbracht; der Aufenthalt im Ganzen hat aber einen Monat gedauert. Trotz der Raschheit dieser Rundreise und der Kürze des Aufenthaltes wurde der Zweck dennoch erreicht. Dem Scharfblicke des Kaisers entgingen die zahlreichen Mängel und Gebrechen in der Verwaltung ebensowenig, als viele andere Mißbräuche.

Eingehende Aufmerksamkeit widmete der Kaiser den militärischen Verhältnissen, den Befestigungen in Arad, Temesvar und anderen Orten. Eine besondere Freude bereitete es ferner Joseph II., wenn er auf deutsche Einwohner traf; die Wünsche der deutschen Colonisten wurden im officiellen Reisejournal sorgfältig, ebenso die Anzahl der angesiedelten deutschen Familien u. s. w. vermerkt. Was für sociale Zustände damals in diesen Gegenden herrschten, lehrt die verzeichnete Thatsache, daß ein Gerichtshof vierteljährig im Durchschnitte 60 bis 70 Todesurtheile fällte. „Die Walachen werden so schlecht behandelt — heißt es im Reisejournal — daß sie oft gezwungen sind, ihre Häuser und Grundstücke Anderen zu überlassen und anderswohin zu ziehen, weshalb sie auch lieber ganz auswandern."

Joseph ließ die Leute vor sich kommen, befragte sowohl Vorgesetzte als Untergebene und hatte bald das Richtige herausgefunden. „Alles — so notirt Joseph — ist hier in größtem Mißvergnügen, Uneinigkeit, Intriguen thun den Dienst verhindern, es geschieht wirklich gar nichts, was einer aprobirt, das desaprobiren die andern. So kann es nicht bleiben, oder es geht alles zu grund!"

Besser als alles andere illustrirt die damaligen Zustände in Ungarn die nachstehende drastische Bittschrift eines Unterthanen an Joseph: „Barmherzigster Kaiser! Vier Tage Frohndienst, den fünften auf die Fischerei, den sechsten mit der Herrschaft auf die Jagd, der siebente gehört Gott, erwäge, barmherzigster Kaiser, wie ich Steuern und Gaben zahlen kann!" [1)

Beachtenswerth ist im Verlaufe der eigenen Aufzeichnungen des Kaisers die Bemerkung bezüglich der Rumänen und Serben. Diese gehorchen ihren Geistlichen unbedingt, unter den Serben aber gebe es dennoch schon mehrere, die durch Handelsverbindungen und durch den Verkehr mit anderen Völkern mehr abgeschliffen seien. Volksschulen seien bei Rumänen und Serben unbekannt, unter Tausenden finde sich

---

[1)] Joseph der Zweite. Eine Skizze. Leipzig 1786. S. 20.

nicht Einer, der des Lesens und des Schreibens auch nur in seiner Muttersprache kundig wäre; selbst den Richtern und Knesen fehle diese Kenntniß. Ein scharfes Auge hatte der Kaiser für die Beziehungen der Serben zu Rußland. Es bekümmerte ihn sehr, daß er in einem Dorfe einen geborenen Russen als Popen (Pfarrer) fand; da er diese Beziehungen zu Rußland als ein gefährliches Verhältniß betrachtete, deshalb schlug er vor, daß man fürderhin die liturgischen Bücher für die Serben in der neuen Druckerei zu Temesvar drucken lassen möge.

Seinem geliebten Bruder Leopold, ihm dankend für die schönen Briefe, die dieser an Joseph nach Ungarn gerichtet, schrieb er: „Dein Lob ist bis an die Thore Belgrads gedrungen." In einem Schreiben vom 11. Juni schildert Joseph seinem Bruder[1]) die Tour, die er gemacht, welche „Unordnungen" er gefunden und wie er von Klagen erfüllt zurückgekommen, sowie daß er der Kaiserin-Königin ein Tableau der Administration und der festen Plätze, welche da bestehen, entworfen werde. „Das sind Provinzen, so weit vom Centrum entfernt", schreibt er, „daß man sie vergißt. Die Natur hat ihnen aber sehr viel Vorzüge gegeben, sowohl durch die schiffbaren Flüsse, welche sie durchziehen und einsäumen, als auch durch die Fruchtbarkeit des Bodens, die in der That unaussprechlich ist, denn hier wächst alles fast von selbst ohne alle Cultur."

Auf Grund aller dieser Wahrnehmungen legte dann Joseph seiner kaiserlichen Mutter ein umfassendes Memorandum mit entsprechenden Abänderungsvorschlägen in der Landesverwaltung vor. Die Kaiserin-Königin genehmigte dieselben, und es wurde noch im Jahre 1768 im Systeme der Administration des Banates eine gründliche Veränderung vorgenommen.

Aus Ungarn heimgekehrt, begab sich Joseph nach wenigen Wochen wieder auf eine Tour, doch nur zu den Manövern seiner Truppen ins Lager nach Böhmen, wohin er über Mähren ging, und von wo er dann über Oberösterreich nach Wien zurückkehrte.

Das Itinerar[2]) verzeichnet als Nachtstationen: August 18. bis 21. Olschau, 22. bis 24. Königgrätz, 25. Jungbunzlau, 26. bis 28. Seblitz, 29. bis 31. Prag; September 1. und 2. Kornhaus, 3. bis 5. Pilsen, 6. Budweis, 7. und 8. Linz, 9. St. Pölten, 10. wieder in Wien.

---

[1]) Maria Theresia und Joseph II., Corr. I, S. 220.
[2]) Manuscript der k. k. Hofbibliothek.

Die erste Reise nach Italien 1769.

„Rom, die Hauptstadt der Welt wegen der Denkmäler, so die berühmtesten Künstler daselbst aufgerichtet haben, Rom, dessen politische Einrichtung so sehr von anderen Staaten in Europa verschieden ist, dessen Interesse jener so entgegengesetzt ist, und deren Oberhaupt so wenig mit anderen großen Herren in Vergleich gesetzt werden kann, Rom mußte ihn vorzüglich reizen".....[1]) In diese Worte faßte ein zeitgenössischer Schriftsteller die besonderen Motive zusammen, welche Joseph — außer der Sehnsucht, den geliebten Bruder Leopold zu sehen — nach Italien, speciell nach Rom geführt. Und fand er auch im Augenblicke keinen Nachfolger Petri auf dem heiligen Stuhle sitzend, so war doch eben hier die Abhaltung des Conclave, aus dem gar bald Ganganelli als Clemens XIV. hervorging, bezüglich dessen Wahl Joseph unter die versammelten Cardinäle tretend den Wunsch ausgesprochen: Sie möchten einen Papst wählen, der würdig und zugleich geschickt sei, die Rechte der Religion zu behaupten.

Die Route nach Italien hatte Joseph Anfangs März über Obersteier (Knittelfeld 3. März) genommen, er ging dann durch Kärnten über Südtirol (4. bis 11. Wälsch-Michael), ferner über Roverbella, alla Concordia, Bologna, Ponte la Trave und kam am 16. März in Rom an.

„Unsere Reise — schreibt er von Rom 18. März an Maria Theresia[2]) — dauerte 13 Tage und drei Nächte und verlief ohne irgend einen Unfall oder eine Unbequemlichkeit sehr glücklich," und schon hat er, dank der liebenswürdigen Fürsorge des ihm aus Florenz hierher entgegengeeilten Bruders, in zwei Tagen einen Theil der Schönheiten von Rom gesehen, „die — wie er sich ausdrückt — in der That ganz wunderbar sind." „L'Eglise de St. Pierre entre autre enchante et étonne," ruft er entzückt und zugleich verwundert aus.

Galt aber sein Aufenthalt in Rom, wie es dem Charakter der ewigen Stadt entsprach, vorwiegend den Sehenswürdigkeiten auf archäologischem und künstlerischem Gebiete, so boten sich dem forschenden Blicke Joseph's doch auch hier eine Reihe von Anregungen in volkswirthschaftlichem Sinne. „Er besuchte nämlich auch die Lust- und

---
[1]) Reise Joseph II. nach Italien (aus dem Französischen) von Mayer, Leipzig 1778, S. 70).
[2]) Arneth, Maria Theresia und Joseph II. Ihre Corr.... I, S. 244 ff.

Landhäuser der vornehmlichsten Cavaliere, wo er dann agricolen und anderen wirthschaftlichen Studien nachging und mit den Besitzern eingehende „Gespräche über die Pflichten der Großen" führte, nach welchen die Italiener Herren ihn dann nicht genug loben konnten ob seines leitenden Satzes, „daß er eine solche Person sei, dessen Händen die Güter seiner Unterthanen anvertraut seien." [1])

Unter den Festlichkeiten, die man ihm zu Ehren in Rom gab, waren unter anderen eine großartige Illumination des St. Petersplatzes und der Peterskirche in allen ihren Theilen: Facade, Kuppel, Säulengänge, alles auf ein gegebenes Zeichen in vier Minuten angezündet, eine vortreffliche Musikaufführung im Hofe des Palazzo Sforza, ein großes Galadiner mit 600 Gedecken beim Fürsten Corsini, ein Bal paré beim Prinzen Doria, der aus dem 80 Fuß im Quarré messenden Hofraume seines Palazzo durch einen Gerüstbau bis zur Höhe der Galerie des ersten Stockwerkes einen kolossalen Prachtsaal in drei Tagen neu hergestellt hatte. [2])

Außerdem bot sich ihm aber hier in Rom auch „ein ganz eigenartiges Schauspiel": ein Wettrennen mit ausländischen Pferden, die mitten durch die große Straße unter einer großen Menge Volkes und Kutschen mit erstaunenswürdiger Geschwindigkeit liefen; [3]) damit Joseph dies in voller Entwickelung bequem sich ansehen konnte, hatte Fürst Ruspoli „über den Mauern seines Hotels einen Thron aufrichten lassen", von dem aus dann der Kaiser an diesem ihm neuen Sportvergnügen theilnahm.

Wo Joseph sich in Rom blicken ließ, überall wurde er vom Volke mit stürmischen Zurufen begrüßt, was ihn insoferne unangenehm berührte, als er befürchtete, es könnte dadurch dann der Osterwoche eine Störung erwachsen. [4])

Nach einem Zusammentreffen mit seiner Schwester, der Königin von Neapel, in Portici, einer Besteigung des Vesuv (3. April), der Besichtigung von Pompeji und einem abermaligen Aufenthalte in Rom (8. bis 10. April) begab sich Joseph zum Besuche seines Bruders Leopold nach Florenz, wo er dann vom 12. April bis 8. Mai ununterbrochen verweilte.

---

[1]) Mayer l. c. S. 74.
[2]) Dutens als Augenzeuge dieser Festlichkeiten, l. c. S. 59 ff.
[3]) Mayer l. c. S. 78.
[4]) Arneth, Maria Theresia und Joseph II. ... I, S. 249.

Hier war es, wo Joseph ganz eindringliche systematische Studien in agricoler Richtung anstellte.

„Er begab sich — nach dem mehrcitirten zeitgenössischen Berichterstatter[1]) — in ein Lusthaus des Großherzogs, welches eine Meile von Florenz lag, er lebte da als Privatmann, alle Morgen ging er sehr früh mit einem Bedienten aus, verfügte sich in die Dörfer, unterredete sich mit den Pächtern und stellte mit ihnen Betrachtungen über alle Theile des Ackerbaues an. Er hatte während seines Verweilens im Staate seines Bruders weiters vielfach Gelegenheit, sich von Leopold's weiser Regierung und namentlich von dessen ausgezeichneter Fürsorge für die Hebung von Handel, Industrie und Landwirthschaft durch hochherzige Befreiung von bisher so drückenden Abgaben und anderen Hindernissen durch den Augenschein zu überzeugen. Es hatte unter Anderen der Großherzog den Landleuten die Freiheit verstattet, ihre Ernten, wann und wie es ihnen nur gefiel, zu halten; es ward, um die Bevölkerung auf dem Lande zu befördern, eine Heirathsbeisteuer aus der großherzoglichen Schatzkammer in der Summe von 250.000 Livres bestimmt, „die mit fünf Procent verinteressirt wurde, um davon arme Landmädchen, vornehmlich in denjenigen Landestheilen, die wenig bevölkert, auszustatten" und „wo es anderseits dem Landmanne an Mitteln fehlte, sich den zur Landwirthschaft gehörigen Hausrath anzuschaffen". Die Abgaben, die beim Kauf und Verkauf des Viehes entrichtet werden mußten, wurden aufgehoben 2c. 2c. Eine Gesellschaft dankbarer Patrioten hatte zur Erinnerung an diese dem Großherzogthume Toscana durch Leopold verschafften Wohlthaten eine Denkmünze auf ihn prägen lassen mit den Inschriften: Libertate frumentaria restituta opes auctae und Principi providentissimo!

Dem Aufenthalte Joseph's in Florenz folgten Besuche an den Höfen in Parma (10. bis 13. Mai) und in Turin (13. bis 19. Juni); inzwischen war er wiederholt auf einige Tage nach Florenz gekommen, auch hatte er sich Bologna, Pisa, Livorno, wiederholt Mantua, dann Cremona, Lodi, Pavia angesehen.

In Parma besuchte er die altberühmte Ritterakademie, sowie die vor Kurzem gestiftete Akademie der schönen Wissenschaften und der Künste. Ueber Turin, das er „die schönste Stadt" nennt, die er in Italien gesehen[2]) machte er einen Ausflug „nach den Weinbergen

---

[1]) Mayer l. c. S. 90.
[2]) Maria Theresia und Joseph II. Ihre Corr. I, S. 238.

der Königin", gleichwie er seine ganze Aufmerksamkeit der hier jüngst ins Leben gerufenen Gesellschaft des Ackerbaues widmete. Waren ja gerade um dieselbe Zeit auch in Oesterreich durch seine Mutter mehrere Gesellschaften des Ackerbaues und der nützlichen Künste errichtet worden. Von Turin kam er, nach einer mit den zwei savoyischen Prinzen in die Berge und zur Besichtigung der Festungswerke bei großer Kälte auf der Höhe und bei Schneefall gemachten Excursion, an den herrlichen Comersee, den er in der That sehr schön findet, durch zwei Tage sich an dessen Anblicke weidend (21. und 22. Juni¹) und nach Mailand (23. Juni).

Hier in seinem eigenen Staate, wo sein Bruder Ferdinand die Regierung leitete, ertheilt er Audienzen und nimmt unter anderen die Vorstellungen wegen Verminderung der Abgaben entgegen, welche dann auch erfolgte.²) Er muß hier den viel kürzer projectirt gewesenen Aufenthalt weiter erstrecken, „denn unglaublich ist — wie er sich wörtlich seiner Mutter gegenüber ausdrückt³) — die Zahl der Leute, die mich sprechen will". Er ist tagsüber so beschäftigt, daß er erst am Abend dazu kommt, die sehenswerthen Fabriken — in Seide, Leinwand und Tressen — und Anstalten, darunter die Maria Theresia-Universität, die 1766 das neue großartige Gebäude erhalten, und die 1764 errichtete Akademie der Baumeister und Bildhauer zu besuchen.⁴)

Nachdem er sich also in Mailand zu lange aufgehalten, eilte er — da er schon wieder zurück sein wollte — ohne auf dieser Tour seinen Wunsch, Venedig zu sehen, erfüllen zu können, zu Land über Görz nach Wien, wo er am 8. Juli eintraf.

Reise nach Mähren und Böhmen 1769.

(Joseph ackert in Mähren. — Zusammenkunft mit König Friedrich II.)

Die diesmalige Fahrt Josephs zu den Manövern in Böhmen erhielt in doppelter Beziehung eine hervorragende Bedeutung für alle Folgezeiten, einerseits durch die so überaus und allerorts populär gewordene agricole Scene: „Joseph mit dem Pfluge" andererseits

---

¹) Corr. I, 298.
²) In einer Höhe von 200.000 fl. Mayer l. c. S. 98.
³) Corr. I, S. 299.
⁴) Ibid.

durch die hochpolitische Entrevue mit dem bisherigen Gegner Oesterreichs, mit König Friedrich II. von Preußen.

Wir können getrost von einer eingehenden Schilderung der erstgenannten, so vielfach beschriebenen Episode aus dem Leben des volksfreundlichen Kaisers in Mähren absehen, wo er am 10. August 1769 auf dem Gebiete der fürstlich Liechtenstein'schen Herrschaft Posorsis unweit Raufnic auf dem Felde eines Landmannes eigenhändig den Pflug geführt und damit einen Sturm jubelnder Begeisterung in allen agricolen Kreisen des weiten Reiches und fernhin über Oesterreichs Marken hinaus erregt hat. Das vom vortrefflichen Fürsten Wenzel Liechtenstein sofort (1769) an Ort und Stelle errichtete darauf bezügliche Denkmal, sowie das sogenannte Bauerndenkmal in Slawikowec, das zum 100. Gedenktage des den gesammten Bauernstand so hoch ehrenden Ereignisses 1869 neu hergestellt und in Gegenwart Sr. k. u. k. Hoheit des Erzherzogs Karl Ludwig, des erhabenen Förderers der geistigen und materiellen Interessen von Kunst, Industrie, Bodencultur, in Vertretung Seiner Majestät des Kaisers und im Beisein unabsehbarer Volksmassen feierlichst enthüllt wurde — diese beiden Denkmale, sie dienten und dienen zur bleibenden Erinnerung an diese volksthümliche That Joseph II. den Bewohnern der beglückten Hanna als Augpunkte für die noch heute frischlebende Tradition!

Nachdem sich Joseph den 18. bis 21. August in Olschau aufgehalten, machte er sich am 22. zur Begegnung mit Friedrich II. nach der preußisch-schlesischen Festung Neisse auf,[1]) wo er am 25. Früh eintraf und bis 28. August verblieb.

Auch zu dieser Entrevue war Joseph unter seinem beliebten Incognito eines Grafen von Falkenstein[2]) gekommen und nahm auch hier in Neisse in einem Gasthause[3]) sein Absteigequartier. Er begab sich sofort nach der Ankunft geradenwegs zum Könige, wo nach den Begrüßungen mit Friedrich, mit dem Prinzen Heinrich und dem Prinzen von Preußen der Kaiser und der König alsbald allein blieben und gleich die erste Besprechung hatten. Und die Besprechungen, „Unterhaltungen", Conversationen dauerten während des dreitägigen Aufenthaltes

---

[1]) Die Bewohner treiben lebhaften Handel mit Wein und Leinwand. Hübner l. c. S. 1374.
[2]) Oeuvres de Frederic le Grand. Berlin. Tom. VI, p. 24 à 26.
[3]) Maria Theresia und Joseph II. Corr. I, S. 301, Anm. 1.

in Reiſſe täglich an 16 Stunden, denn auch die Zeit der Diners, Soupers, des Theaterbeſuches über wurden ſie fortgeſetzt. Sie erſtreckten ſich über die verſchiedenſten Gegenſtände,¹) und namentlich ward die öffentliche Unterhaltung ſprunghaft von einem Fach zum anderen geführt.

Sehr wenig jedoch verbreitete ſich Friedrich dabei über Finanzgeſchäfte, indem er offen geſtand, daß dies nicht ſeine Lieblingspartie ſei.²)

Andere innere Einrichtungen bildeten aber, wie auch aus ſeinen Reden erſichtlich, ſein eingehendes Studium. „Er hat mir erzählt — ſchreibt Joſeph an ſeine Mutter³) — wie er ſich bemühe, jene Gegenden, die durch den Krieg von Menſchen entblößt worden, neu zu bevölkern, wie er ſich bemühe, den Handel blühend zu geſtalten, wie er thatſächlich in Schleſien eine „Geſellſchaft" (société) wolle und aus ſeinen eigenen Mitteln Geld hergebe, damit der Adel die im letzten Kriege contrahirten Schulden bezahlen könne, wie er, dieſe Arrangements zu fördern, in den Landen herumreiſe, u. ſ. w. u. ſ. w.

In innigſtem Zuſammenhang aber mit der politiſchen Tendenz der Entrevue, die eben aus den letzten überraſchend großen Erfolgen der Ruſſen gegen die Türkei (in der Moldau) beziehungsweiſe aus der durch dieſe Erfolge entſtandenen gemeinſamen Gefahr für die Höfe von Berlin und Wien hervorgegangen war, erſcheint die im Laufe der Unterhaltungen hingeworfene Erzählung, daß der griechiſchen Religion angehörige Kaufleute aus Ungarn die letzten Siege der Ruſſen in Breslau durch ein öffentliches Feſt gefeiert hätten. . . . . . . !⁴)

Die Begegnung der beiden Fürſten, die im Buche der Geſchichte ihrer Völker als die Großen bezeichnet werden, endete mit dem zu Reiſſe ſelbſt noch abgefaßten und unterzeichneten „ängſtlich geheimgehaltenen" Vertrage, betreffend die treue Feſthaltung am Frieden zwiſchen Oeſterreich und Preußen und die Erklärung der Neutralität bei einem allfälligen Kriege (zwiſchen England und Frankreich). Mit Bezug auf

---

¹) Maria Thereſia und Joſeph II. (Corr. I, S. 301 ff.
²) Ibid. l. c p. 309.
³) Ibid. l. c.
⁴) Ibid. l. c.

Rußland habe Joseph ihm gegenüber — schreibt Friedrich [5]) — gar kein Hehl daraus gemacht, wie weder er, noch seine Mutter es je dulden würden, daß die Russen im Besitze der Moldau und Walachei blieben! Von Neisse aus traf Joseph dann bei den Truppenmanövern in Böhmen ein und besuchte bei dieser Gelegenheit Nachod und Königgrätz, weilte in Skalka (um den 1. September), dann in Prag (2. bis 5.), Kornhaus (6. bis 8.), Pilsen (9. bis 11.), sohin wieder in Prag (12. und 13.), und fuhr am 14. nach Wien, wo er Tags darauf anlangte.[1])

Reise nach Ungarn 1770.

„Eine wiederholte Reise durch das Königreich Ungarn ward in eben diesem Jahre von ihm unternommen, um den Zustand und natürlichen Reichthum dieses gesegneten Landes noch genauer kennen zu lernen." Mit diesen wenigen Worten charakterisirt der Biograph Pezzl [2]) prägnant die Absicht, welche Joseph auch bei dieser zweiten, in Begleitung des Herzogs Albert von Sachsen-Teschen und Lascy's unternommenen größeren Tour durch Ungarn nebenbei leitete, welche Tour wohl auch in erster Linie strategischen Zwecken gedient, da man eben die Möglichkeit eines Krieges mit Rußland ins Auge gefaßt hatte.

Diese Reise währte von Ende April bis Ende Juni, und Joseph besuchte auf derselben auch Oberungarn, wohin er schon 1764 einen kurzen Ausflug mit seinem Bruder Leopold zum Besuche der Bergstädte gemacht hatte.[3])

Das „Itinerar" verzeichnet von derselben folgende Nachtstationen: April 23. Lattendorf, 24. Gränzdorf, 25. Oedenburg, 26., 27. Stein-am-Anger, 28. Bagod, 29., 30. Keßthely. 1. Mai: Kaposvár, 2., 3. Szigeth, 4. Fünfkirchen, 5. Szillos, 6., 7. Essegg, 8. Peterwardein, 9. Neusatz, 10. Becse, 11. Mellencze, 12. Czakovár, 13., 14. Temesvár, 15., 16. Arad, 17. Szalonta, 18., 19. Großwardein, 20., 21. Debreczin, 22. Keresztes, 23. Erlau, 24., 25. Pest, 26. Barkany, 27., 28. Sagh, 29. Gyarmat, 30. Ostgyan, 31. Kalo. 1. Juni: Szerencs, 2. Terebes, 3. Ungvár, 4., 5. Munkács, 6. Ungvár, 7. bis 9. Kaschau, 10. bis 12. Eperies,

---

[1]) Oeuvres de Frederic le Grand. Tom. VI, p. 26.
[2]) Itinerar.
[3]) l. c. S. 27.
[4]) Arneth, Maria Theresia's letzte Regierungszeit. II, S. 461.

13. Leutschau, 14. Lautschburg, 15. Niolcsva, 16. bis 18. Chinoran, 19., 20. Freystadt, 21., 22. Szered, 23., 24. Tyrnau, 25., 26. Pösing, 27. Preßburg, 28. nach Wien.

Oedenburg bot durch seinen Handel, seine Märkte und seine Tuchwebereien besonderes Interesse. Jede Woche gab es da drei große Märkte, einen Viehmarkt mit jährlich 40.000 Stück Hornvieh und 150.000 Stück Borstenvieh und zwei Wochenmärkte, auf welchen fast aller Vorrath der Eisenburger, Szalaber, Somogyer, Wesprimer und Oedenburger Gespanschaften meist an die Oesterreicher verkauft wurde.[1]

Im schön und angenehm gelegenen, volkreichen Stein-am-Anger, dem wenige Jahre später (1777) sein heute so ansehnliches Bisthum erstand, zogen die Aufmerksamkeit Joseph's bie im Schlosse auf der Anhöhe eingemauerten Reste des alten römischen Sabaria vornehmlich auf sich. Bei Keßthely angelangt genoß der erlauchte Reisende den unvergeßlichen Zauber des „ungarischen Meeres", des so fischreichen Plattensee — in Keßthely selbst den Anblick der weitläufigen Thiergärten und Fischteiche des Vicekammerpräsidenten Grafen Paul Festetics.

Die Grenzveste Szigeth stimmte den Regenten, der mit Recht im Krieger die Stütze des Staates erblickte, zu weihevollster Erinnerung an den unsterblichen Helden Niklas Zriny. Hübsch gebaut, mit starkem Handel der Einwohner und mit guter Nahrung präsentirte sich das erst 1751 zur k. Freistadt erhobene, der Festung Peterwardein gegenüberliegende Neusatz (vorher Peterwardeiner Schanze genannt).

Wieder sah er Temesvár und die, Dank der Sorgfalt des Grafen Mercy d'Argentau entstandene Fabriksvorstadt mit ihrem Flor der Seidenmanufactur, und wurde von den Bewohnern der an dem Mercy'schen Canal angelegten, zum Andenken an Joseph's erste Anwesenheit in der Hauptstadt des Temesvárer Bezirkes, nun Josephstadt genannten Vorstadt, mit weithinschallendem Jubel begrüßt, auch hier wie überall so viele Zeichen seiner menschenfreundlichen Größe hinterlassend.[2]

In Großwardein war eben in diesen Tagen seines Erscheinens die durch zwei Jahrhunderte in Ruinen gelegene Domkirche im Neubau nach vortrefflichem Modelle begriffen, und konnte man dem Monarchen die Grabstätte des Kaisers und Königs Sigmund, sowie die Stätte weisen,

---

[1] Geographie des Königreichs Ungarn von G. v. Windisch. Preßburg 1780. I. Thl., S. 296.
[2] Ibid. l. c. II, S. 227.

wo einst hier die Gottesurtheile mit den Feuer- und Wasserproben abgehalten worden. Ueber der Einwohner Leben und Treiben sich erkundigend, konnte Joseph vom Handel, allerlei Handwerken, der Viehzucht und dem Ackerbau nur Günstiges vernehmen.

Großartig stellte sich in Debreczin, wo der Regent im Gasthof zum „weißen Roß" Absteigquartier genommen, der Handel dar, nicht nur in Hornvieh, Wolle, Getreide und Tabak, sondern auch in allerhand anderen Kaufmannswaaren und Landesproducten. Besonders rege war unter Anderem auch der Handel mit den hier verfertigten und weit verführten Seifen, die ihre schöne weiße Farbe in der eigenthümlichen Bereitungsart mit der Lauge einer weißlichen Erde fand.[1])

Ueber die von Maria Theresia in ihren alten Freiheiten (1746) bestätigte Haidukenstadt Böszörmony und über Kereszteş ging es nach Erlau, wo die prächtige Domkirche sammt Bischofspalais, die Sternwarte, das eben im Bau begriffene Universitätsgebäude (auf das bis 1780 über 2,000.000 fl. verwendet worden,[2]) das Telekische Seminar und das akademische Collegium, an dem seit 1754 auch die Landesrechte vorgetragen wurden, genug des Anziehenden boten.

Pest überraschte ihn mit der 1769 fertig gewordenen, zur Verbindung der Schwesterstädte hergestellten, von beiden Städten gemeinschaftlich erhaltenen, großen 300 Klafter langen Schiffsbrücke.

Ueber die durch ihren Feuerwein von Tokay — der Tokayerberg hatte nach Maria Theresia den Namen Theresienberg erhalten — in aller Welt bekannt gewordene Zempliner Gespanschaft, über das 1565 vom k. General Schwendi eroberte Szerencs, über Terebes u. s. w. und über das in so fruchtbarer Gegend gelegene Unghvár traf Joseph zum Besuche nach der vortrefflichen und von altersher für unüberwindlich gehaltenen, in den Felsen eigenartig drei Stockwerke hoch eingebauten Veste Munkács ein. In weiterer Fahrt konnte sich das Auge Joseph's nun an der Schönheit der Gebirgswelt um Kaschau erfreuen, und die nördlichen Höhen mit verschiedenen Holzsorten, die südlichen und westlichen aber mit Weinstöcken bewachsen sehen. Jetzt folgte Epcries in überaus anmuthiger Lage, eine der schönsten Landschaften darbietend; zugleich mit ansehnlichem Wein-, Leinwand-, Getreide- und Viehhandel, mit der schönen schlesischen Tuchniederlage, guten Jahr- und Wochenmärkten.[3]) Nachdem er sich hier vom 10. bis 12. Juni aufgehalten,

---

[1]) Ibidem II, S. 186.
[2]) Ibidem II, S. 119.
[3]) Ibidem II, S. 37

treffen wir ihn am 13. bereits indem sechs Meilen entfernten Leut=
schau Nachtstation halten, das nach den großen, verheerenden Bränden
von 1749 und 1752 schon wieder ganz hübsch aufgebaut war.[1])
Der nächste Besuch galt der Festung Leopoldstadt, die er von
dem gegenüberliegenden, starken Getreidehandel treibenden, ob seines
vortrefflichen weißen Brodes selbst in Büchern gelobten Freistädtl
aus besichtigte.

Dem Laufe der Waag folgend, traf Joseph das vorzüglichste
Ackerland um Szered, welcher Ort durch seinen namhaften Handel
mit Hornvieh und Bauholz aus den oberen Gespanschaften trefflich blühte.

Bald darauf nahm das „kleine Rom," die mit vielen Kirchen,
Klöstern, anderen geistlichen Häusern und Pflanzschulen versehene königs
liche Freistadt Tirnau den Kaiser in ihren Mauern auf, wo damals
noch die vom Cardinal Pazmann 1635 gestiftete, von Kaiser Ferdinand II.
mit allergnädigsten Freiheiten versehene Universität bestand, die dann
1772 von Maria Theresia mit der medicinischen Facultät vermehrt,
1777 nach Ofen verlegt worden, und wo er auch ein von Kaiser Rudolf II.
gestiftetes Collegium mit ansehnlicher Bibliothek vorfand.

Ueber Pösing, wo gerade um diese Zeit ein „Hoffnungsbau"
auf Gold eröffnet worden, und nach kurzem Aufenthalte im königlichen
Schlosse zu Preßburg, traf er am 28. Juni wieder in Wien ein.

Den Gesammteindruck dieser Reise, zusammengehalten mit der
augenblicklichen politischen Lage, ersehen wir aus einem noch im selben
Jahre unterm 18. December an seinen Bruder Leopold gerichteten
Schreiben,[2]) in welchem er schon eine „Occupation" türkischer Provinzen
in Aussicht stellt für den Fall, als die Türkei in ihrem Bestande
bedroht wäre.

Er schreibt diesbezüglich wörtlich: „Wenn die Russen mit Gewalt
über die Donau gingen und gegen Adrianopel marschiren, dann ist
die Zeit gekommen, daß wir ein Corps über die Donau führen, ihnen
in den Rücken fallen und in Folge dessen sie zu einem überstürzten
Rückzuge zwingen, auf welchem ihre Armee vernichtet werden könnte.
Die Türken, vor der Vernichtung bewahrt, würden sich viel leichter
zu einer Entschädigung unserer thatsächlichen (reellen) Ausgaben ver=
stehen. Sie bestünde in jenem Theile der Walachei, welcher im Frieden
von Belgrad abgetreten worden war, und zwischen dem Banat, Sieben=

---

[1]) Ibidem II, S. 15 ff.
[2]) Maria Theresia und Joseph II. Ihre Corr. I, S. 316 ff.

bürgen, der Donau und dem Altflusse liegt." — „Wenn aber," fährt er fort, „die Dardanellen (von den Russen) gewaltsam erzwungen würden, und Constantinopel durch eine Empörung oder in anderer Weise dem Untergange nahe wäre, und als Folge davon das ganze (ottomanische) Reich, dann müßten wir nothwendiger Weise diejenigen Provinzen des (türkischen) Reiches besetzen (occupiren), welche uns belieben würde (Bosnien und die Herzegowina), ehevor wir sie den Russen lassen dürften. Für alle Fälle sei die Aufstellung von zwei Armeen nothwendig, die eine in Siebenbürgen, die andere in Oberungarn."

Und zufällig hatte Joseph auf dieser Reise am 2. Juni an jenem Orte geweilt, wo heute vor wenig Wochen Graf Andrassy in die Schloßgruft hinabgesenkt worden, dessen staatsmännischem Genie hundert Jahre nach Joseph die Anbahnung der von unserer heldenhaften k. und k. Armee ruhmvollst durchgeführten „Occupation" gelungen!

Als der Regent auf dieser seiner zweiten Tour durch Ungarn an der türkischen Grenze geweilt, da kamen, wie eine zeitgenössische Schrift meldet,[1]) auch die benachbarten Türken häufig herüber, einen Joseph II. zu sehen und zu bewundern, und der ganze Haufe staunte, indem die Vernünftigsten darunter mehr als einmal zu des Beherrschers von Oesterreichs Lobe äußerten: „daß es das größte Unglück für die Pforte sein würde, einen solchen Monarchen zum Feinde zu haben, weil es demselben leicht sein müßte, sich das ganze türkische Europa unterwürfig zu machen."

Reisen nach Mähren und Böhmen 1770.

(Zweite Zusammenkunft mit Friedrich II. von Preußen. — Hungersnoth in Böhmen.)

Wieder waren es ein Lagerbesuch und die Abhaltung von Manövern, was, wie das erste Mal, den äußeren Anlaß zu einer Entrevue mit dem Preußenkönige bot, zu welchem Zwecke Joseph am 25. August, begleitet vom Prinzen Albrecht, von Dietrichstein und Lascy, von Wien nach Mähren abreiste. Daß jedoch — bemerkt Arneth — nicht das militärische Schauspiel, sondern ein wichtiger politischer Grund der eigentliche Beweggrund zur Zusammenkunft war, wurde für Jedermann aus dem Umstande erkennbar, daß Kaunitz an derselben theilnehmen sollte. Während Joseph sich schon in Neustadt befand und die Truppen, welche Laudon befehligte, sowie das Terrain besichtigte,

---

[1]) Leben und Geschichte Joseph II. Amsterdam. I, S. 22 ff.

auf dem die Manöver stattzufinden hatten, verweilte Kaunitz zu Austerlitz, mit den Vorbereitungen zur Zusammenkunft beschäftigt.[1]

Am 3. September, zwischen 1 und 2 Uhr Nachmittags, traf Friedrich in Neustadt ein, wo sich unterdessen auch Kaunitz schon eingefunden hatte. Großes Aufsehen erregte es, daß der König von Preußen und sein militärisches Gefolge in weißen österreichischen Uniformen erschien, „um dem Kaiser ein ganz besonderes Zeichen von Aufmerksamkeit zu geben." Nachdem die beiden „weltberühmten Männer" Friedrich und Kaunitz am 3. nach dem Diner in einer Fensternische des Speisesaales, der mit Menschen angefüllt war, die politische Frage: in erster Linie die Wiederherstellung des Friedens zwischen Rußland und der Pforte erörtert, fand am 4. September das erste Manöver statt, wobei Friedrich das Aussehen der österreichischen Truppen im Allgemeinen bewunderte, und von einem Bataillon ungarischer Grenadiere sagte: „sie glichen ebensovielen Söhnen des Mars."

War an diesem Tage das Wetter günstig gewesen, so wurde der zweite Manövertag von einem Unwetter heimgesucht, das nicht bald seinesgleichen hatte. Ein furchtbarer Sturm wüthete, wahre Regenströme gingen nieder und gräßlich waren die Verwüstungen, welche das entfesselte Element anrichtete. Ein großer Theil des Lagers und die Brücke wurden weggeschwemmt, Straßen und Wege waren ungangbar gemacht, die Truppen erlitten großen Schaden an Uniformen und Waffen, und fast das ganze Gepäck ging verloren; an eine Fortsetzung des Manövers war nicht zu denken, die hohe Gesellschaft mußte den ziemlich weiten Weg nach Neustadt bis auf die Haut durchnäßt zurücklegen. „Und der große Friedrich — berichtet Prinz Albert von Sachsen-Teschen, — „der nicht mit einer für ein so unerwartetes Ereigniß ausreichenden Garderobe versehen war, hatte die Unannehmlichkeit, daß er, in seinen Mantel gehüllt, mehrere Stunden an einem Küchenfeuer zubringen mußte, an welchem er seinen einzigen Rock und seine Beinkleider trocknen ließ."

Draußen dauerte, wie ein anderer Berichterstatter, Fürst de Ligne, sich ausdrückt, das gräuliche Unwetter fort, gegen welches die Sturmfluth, welche Deukalion auf dem Parnaß überstand, nur ein gewöhnlicher Sommerregen war.

Die Zeit, welche der König noch in Neustadt verweilte, wurde daher neben den politischen Verhandlungen mit langdauerndem Festessen, mit Theatervorstellungen und mit Gesprächen zugebracht.

---

[1] Arneth, Maria Theresia's letzte Regierungszeit. II, S. 210.

Am frühesten Morgen des 7. September verließ Friedrich das kleine mährische Städtchen, in welchem seine zweite und letzte Begegnung mit Joseph stattgefunden hatte. Der König begab sich wieder nach Schlesien, der Kaiser aber mit dem Prinzen Albert und den Generalen nach Böhmen, um bei Kolin und Prag die Manöver zu sehen.[1]
Gegen Ende des Jahres sah aber Böhmen den Kaiser noch einmal, jetzt jedoch herbeieilend, um jene schreckliche Wunde zu heilen, welche die ausgebrochene Hungersnoth so plötzlich über dieses Land gebracht.

Joseph durchreiste beinahe alle Kreise, ließ mit Gewalt die Kornböden öffnen, welche Wucher und Eigennutz beim allgemeinen Elende noch immer verschlossen hielten, theilte aus den Magazinen der Armee Getreide und Mehl unter die Dürftigen aus, ließ Lebensmittel aus Ungarn nach Böhmen führen, übergab den Staatsbeamten ansehnliche Summen, um damit die Hülfsbedürftigsten aus ihren Bezirken zu unterstützen.[2] Er verfügte sich selbst in eine Bauernhütte und erkundigte sich daselbst, woher alle diese Plagen ihren Ursprung genommen hätten, worauf er die Schuldtragenden bestrafte.[3]

Joseph hat in Prag, so lange er sich während dieser Anwesenheit in Böhmen daselbst aufgehalten, niemals ein Schauspiel zu sehen verlangt, und er pflegte zu sagen: „ich habe zu viel Geschäfte, meine Zeit mit Ergötzlichkeiten zu verderben." Alle Diejenigen, die ihre Schuldigkeit beobachteten, ließ er an seine Tafel ziehen, und mehrentheils Diejenigen, welche sich dahin verfügt hatten, um ihm Bittschriften zu überreichen; an einem Tage war die Anzahl der Gäste, die sich in dieser Weise angesammelt hatten, so groß, daß man ihm vorstellte, wie es an Geschirren für so Viele fehlen werde. „Was verschlägt es," sagte er, „wenn keine silbernen Geschirre mehr vorhanden sind, so werden sich doch hinlänglich genug zinnerne finden, die Herren werden deshalb einen Reisenden gütigst entschuldigen."[4]

Für die wahrhaft landesväterliche Güte und Sorgfalt, welche Joseph dem schönen und wichtigen Lande in dieser Schreckenszeit erwiesen, veranstalteten die Einwohner der Stadt Prag im nächsten Jahre (11. Juni) ein feierliches Dankfest. „Da war Niemand" — heißt es in dem zeitgenössischen Berichte — „ohne Ansehen der Person, Geschlechts, noch

---

[1] Arneth, l. c. S. 211 ff.
[2] Pezzl, l. c. S. 28.
[3] Mayr, l. c. S. 101.
[4] Mayr, l. c. S. 102.

Nation, dessen Lippen nicht Dank entströmten, der nicht für Joseph II., seinen lieben Landesvater, zu Gott betete, weil Joseph auch ohne Ansehen der Person, Geschlecht und Nation dem Brod gab, welchen hungerte."[1])

Auch die Israeliten bereiteten tagsdarauf in ihrer Synagoge ein außerordentliches Dankfest, bei welchem Anlasse vom Vorsänger ein eigens zu diesem Zwecke verfaßtes Gebet abgelesen wurde.

Reisen nach Ungarn und nach Mähren, Böhmen, Oberösterreich 1771.

Ende August begab sich der Regent in das Truppenlager bei Pest, wo er bis 10. September verblieb. Noch im Lager aber hatte er seine Gedanken bereits wieder der wirthschaftlichen Lage Böhmens zugekehrt, und richtet er aus demselben (2. September) einen Brief an seine erhabene Mutter, worin er also schreibt: „Ich glaube, man könnte das (in Folge der Convention von Constantinopel 7. Juli 1771) von den Türken erhaltene Geld (2,250.000 fl. = 4000 Beutel) zum Ankauf von Getreide in Ungarn verwenden, zum Theile für die Magazine, hauptsächlich aber zur Subvention in der Hungersnoth in Böhmen, die gewiß heuer noch ärger sich gestalten wird, als im vorigen Jahr."[2]) Ueber das Pester Lager dieses Jahres selbst äußerte er sich in einem Briefe an seinen Bruder Leopold sehr zufrieden, und hebt er besonders lobend die Kroaten hervor.[3])

Am 1. October begab sich Joseph auf die zweite Reise in diesem Jahre und zwar auf eine Tour nach Mähren, Böhmen und Oberösterreich.

Das „Itinerar" verzeichnet die folgenden „Nachtstationen": October: 1., 2. Brünn, 3. Kunowitz, 4. Olmütz, 5. Troppau, 6. Sternberg, 7. Brünn, 8. Iglau, 9. Czaslau, 10. Pardubitz, 11. Königgrätz, 12. Trautenau, 13. Semile, 14. Hirschberg, 15. Leitmeritz, 16. Komotau, 17. Rakonitz, 18. Zbirow, 19. Pilsen, 20. Haib, 21. Klattau, 22. Pisek, 23. Tabor, 24. Prag bis 9. November, 10. Wobitz, 11. Budweis, 12., 13. Linz, 14. Steyer, 16. nach Wien.

In den letzten Tagen erhielt er ein Schreiben der Kaiserin-Königin, worin ein die Intentionen dieser seiner Fahrt so schön erörternder Passus enthalten ist, der doppeltes Gewicht hat, wenn man sich zugleich

---

[1]) Leben und Geschichte Kaiser Joseph II. Amsterdam. S. 29.
[2]) Briefe der Kaiserin Maria Theresia an ihre Kinder und Freunde, herausgegeben von R. v. Arneth. I. Bd., S. 4.
[3]) Maria Theresia und Joseph. Ihre Corr. I, S. 343.

gegenwärtig hält, wie Maria Theresia mit dem besorgten Auge der Mutter die bis zur äußersten Ermüdung fortgesetzten Fahrten und ununterbrochenen Reisen ihres Sohnes immer ängstlich betrachtete. Die Stelle lautet: „Ce voyage, que vous venez determiner, sera toujours pour vous ici et dans l'autre monde une epoque bien glorieuse, mais, rendons-le aussi heureux pour ces milliers d'hommes pour lesquels vous avez sacrifié vos commodités, amusements, et exposé plus d'une fois votre santé. Vos intentions ne peuvent être douteuses; elles sont toujours accompagnées des actions bien convaincantes." [1])

Reisen nach Siebenbürgen und Galizien 1773.

Um das neu erworbene Galizien, von dem Maria Theresia unterm 11. September 1772 Besitz ergriffen, und wo Graf Joseph Pergen als Administrator „cum plena facultate et nomine Nostro" eingesetzt war, zu besuchen und vorher noch Siebenbürgen in seinen vorzüglichsten Orten kennen zu lernen, begab sich Joseph Anfang Mai auf die Fahrt nach diesen beiden, seiner scharfen Augenscheinnahme der Verhältnisse harrenden Ländern.

Das „Itinerar" notirt zu diesen Reisen nachstehende „Nachtstationen": Mai 6., 7. Pest, 8. Szegedin, 9. Arad, 10. bis 12. Temesvár, 13. Werschetz, 14. Pancsova, 15. Kubin, 16. Weißkirchen, 17. Boschowitz, 18. Mehadia, 19. Karansebes, 20. Marga, 21., 22. Livadia, 23. Déva, 24. bis 26. Karlsburg, 27. Mühlenbach, 28. bis 30. Hermannstadt, 31. Reps. 1. Juni: Eberfalva, 2. Talmatsch, 3. Alsó-Borumbach, 4. Fogaras, 5. Tschani, 6., 7. Kronstadt, 8. Horzusolu, 9. Buza, 10. Zagoc, 11. Bereczk, 12. Vásárhely, 13., 14. Szepvics, 15. Biricske, 16. Györgö-Szt.-Miklós, 17. Baraid, 18. Szász-Regen, 19. Bistriz, 20. Burka, 21. Rodna-Contumaz, 22. Rodna-Dorf, 23. Rászód, 24. Décs, 25., 26. Klausenburg, 27. Thorda, 28. Juni bis 10. Juli: Hermannstadt, 11. Maros-Vásárhely, 12. Teltsch, 13. Banza, 14., 15. Szigeth, 16. Koresmözö, 17. Szigeth, 18. Huszt, 19. Hibét-Potof, 20., 21. Munkács, 22. bis 24. Kaschau, 25. Hanusfalva, 26. Wirowa, 27. Lisfo, 28. Dinow, 29. Jaroslaw, 30. Juli bis 5. August: Lemberg, 6. Strelisle, 7. Stanislaw, 8. Zablatow, 9., 10. Snyatin, 11. Zaleszyke, 12. Boriskowen, 13. Skala, 14. Kotuwarowka, 15. Oczechowce, 16. Milno, 17., 18. Brody, 19. Biszow, 20. Sokal, 21. Rubinsow, 22. Dubienka,

---
[1]) Corr. I, S. 350.

23. Nacholuppie, 24., 25. Zamosce, 27. Gerai, 28. Kojjin, 29. Naprecze, 30. Zatusmik, 31. Boleslow. September 1: Niepolumice, 2., 3. Cajimir, 4. Calvary, 5. Oswiecim, 6., 7. Wieliczka, 8. Bielicz, 9. Weißkirchen, 10. Aujterlitz, 11. Borlitz, 12. Stammersdorf, 13. nach Wien.

Auf dieser Reise begleiteten ihn die Generale Laudon, Pellegrini und Nostitz, und wurde ein großer Theil der Tour zu Pferde gemacht.¹) In Siebenbürgen fand Joseph wiederholt Gelegenheit, sich von der arg bedrückten Lage der Unterthanen durch die Grundeigenthümer zu überzeugen.²). „Zwei siebenbürgische Dorfschaften, deren Grundherr sie aufs Aeußerste peinigte, fielen klagend vor dem Kaiser auf die Knie, und baten um Errettung aus ihrer Noth. Darauf nahm sie der Kaiser beide dem Tyrannen ab, und versetzte sie über deren eigenes Ansuchen zum Grenzsoldatenstand, wo sie der Steuern und Gaben zum Theil und der Frohnarbeit ganz entlediget waren."

Aus Kézdi-Bäsärhely (12. Juni) richtet Joseph an seine Mutter das Schreiben, in welchem er ihr die Nothwendigkeit einer Ausdehnung der Reise nach Galizien vorstellt und wörtlich sagt: „Je m'offre en verité uniquement pour le bien du service, pour mon plaisir j'irray bien sûrement dans les campes."³)

Darauf erhielt er von Maria Therefia eine Antwort im Sinne der schon vorangedeuteten Sorge um sein Wohl. . . . „ich kann" — schreibt sie — „weder diese schreckliche Reise noch irgend eine andere, die Du mit so vieler Beschwerde unternimmst, durch welche Du Deine schönsten Lebenstage abnützest, und mir nicht nur die wenigen Augenblicke raubst, die mir noch übrig bleiben, sondern sie auch mit Kummer erfüllst, aus dem gleichen Gesichtspunkte betrachten wie Du. Hilf mir lieber den Provinzen, die Du schon durchreist hast, und welche unter unsern Augen sich befinden, bessere Einrichtungen geben. Wenn dies bei ihnen in dauerhafter Weise geschehen sein wird, dann sollen Siebenbürgen und Polen an die Reihe kommen; wenn man sich aber vorerst mit diesen Letzteren beschäftigt, erreicht man keinen so wichtigen Zweck als es bei jenen der Fall wäre. Verzeih mir, aber ich bin es, die Dir die Wahrheit sagen muß. Es ist troß deines Scharfsinnes und Deines unermüdlichen Fleißes unmöglich, daß du auf diesen Reisen von zwei oder drei Monaten Alles zu sehen und daraus die nothwendigen Folge-

---

¹) Pezzl, S. 32.
²) Leben und Geschichte Joseph II. Amsterdam. I, S. 41.
³) Maria Theresia an ihre Kinder. I, S. 7.

rungen zu ziehen vermagst, insbesondere in Polen, wo Niemand, die Eingebornen noch weniger als die Andern, Dir die erforderlichen Aufschlüsse geben kann." [1])

Nachdem sich das Herz der Mutter erleichtert, erklärt sie, Gott das Opfer bringen zu wollen, auf daß er Joseph's Absichten und Unternehmungen segnen möge, und gesteht die Reise zu.

In Lemberg angekommen, wo er in seiner gewohnt bescheidenen Weise im Hause eines Apothekers sich einquartiert, übergab Joseph sofort dem Administrator Grafen Pergen 154 Fragepunkte über die zu treffende Einrichtung Galiziens, was Graf Pergen in wenig Wochen erledigt und Joseph an Kaunitz, bei dem er auf der Heimfahrt in Austerlitz, 10. September, übernachtete, als Grundlage weiterer Verhandlungen gelangen ließ. [2])

Mit einem Eifer, einer Unermüdlichkeit ohnegleichen trachtete er, die inneren Zustände des Landes zu erforschen, sich mit den Bedürfnissen desselben vertraut zu machen. Gleich nach seiner Ankunft in Lemberg schrieb er seiner Mutter, er sehe voraus, daß die Arbeit, die seiner harre, unermeßlich sein werde. Neben großer Verwirrung in allen öffentlichen Angelegenheiten herrsche dort ein Parteigeist, der wahrhaft erschreckend genannt werden müsse. „Das Land scheint von gutem Willen erfüllt," sagt Joseph wörtlich, „der Bauer ist ein Unglücklicher, der nichts als das Aeußere eines Menschen und das physische Leben besitzt. Der kleine Adelige ist gleichfalls arm, aber er hofft viel von der Gerechtigkeit, die man ihm gegen die Großen gewähren wird, welche ihn unterdrückten. Die Großen sind allerdings unzufrieden, aber sie machen doch jetzt gute Miene." [3]).

Die ganze unwegsame nördliche Grenze des Landes von Kamienik bis Krakau hatte Joseph mit den genannten ihn begleitenden Generalen unter allen Abwechslungen der Witterung und mit ermüdendster Anstrengung zu Pferd durchwandert. „Da widerfuhr ihm auf diesem Zuge" — wie der Zeitgenosse Pezzl erzählt, [4]) „daß er einst in einem jüdischen Dorfe ganz und gar nichts Genießbares antraf, dessen er doch, entkräftet durch die Strapazen der Reise, höchst bedürftig war. Joseph sowie seine Begleiter faßten nun den Plan, jeder eine von ihm selbst zu-

---

[1]) Arneth, Maria Theresia's letzte Regierungszeit. II, S. 409.
[2]) Helfert, Die österreichische Volksschule. I, S. 456.
[3]) Arneth, Maria Theresia's letzte Regierungszeit. II, S. 413.
[4]) L. c. S. 32.

bereitete Speise in einer bestimmten Zeit auf den Tisch zu bringen. Sie zerstreuten sich nun im Dorfe, um Eier, Brod, Obst, Butter u. s. w. aufzutreiben. Im verabredeten Moment wurde servirt, der Kaiser gieng mit seiner Schüssel voran: Die drei Generale folgten jeder mit der seinigen. Nicht mehr als vier Schüsseln! — und doch ein wahrhaft kaiserliches Mittagmahl."

Das nächstkommende Jahr (1774) machte Joseph, sicher seiner Mutter zu Liebe, keine größere Reise, es erfolgten nur die Lagerbesuche in Böhmen (Moldauthein 1. bis 5. Juli) in Steiermark und Ungarn (Leibnitz 10. bis 14. August), Pettau 15. dann über Warasdin 16., Essek 17. 18. nach Pest, 19. wo er bis 30. August blieb, um am 31. nach Wien zurückzukehren.

Reise nach Slavonien, Croatien und nach Italien 1775.

Den Besuch, den Joseph II. für dieses Jahr seinem Bruder Leopold in Florenz zugedacht, benützte er beim Antritte seiner Reise dahin zu einer Besichtigung von Slavonien, Kroatien und des Küstenlandes, sowie er auf der Rückreise wieder das liebe Alpenland Kärnten berührte.

Das „Itinerar" dieser Reise nennt uns folgende Aufenthalte als „Nachtstationen": 19. April von Wien nach Bellovar, 20. Bellovar, 21. Ivanitz, 22. Agram, 23. Sissek, 24. Dubica, 25. Divor, 26. Glino, 27. bis 30. Karlstadt, 1. Mai Sluin, 2. Modrusch, 3. Moschaz, 4. Corencza, 5. Ubbina, 6. Belika Popina, 7. Zermania, 8. Graschaz, 9. Gospich, 10. Carlopago, 11, 12. Zengg, 13. bis 15. Fiume, 16. bis 21. Triest, 22. Grabiska, 23. bis 28. Venedig, 29. Padua, 30. Ferrara, 31. Bologna. 1. Juni Modena, 2, 3. Parma, 4. bis 25. Florenz, 26. Lago Scura, 27. Pordenone, 28. Tarvis, 29. Klagenfurt, 30. Wien.

Die Vorbereitungen zu dieser Reise betrieb er ziemlich geheim, und er schreibt diesbezüglich seinem Bruder unterm 14. März, indem er ihn ersucht, für die ersten Tage des Juni eine seiner Fregatten in die Umgebung von Livorno zu entsenden, und beifügt: mais la chose, devrai être un secret pour tout le monde jusqu'au moment même du depart de Livourne.[1]

In einem nächsten Briefe (16. März) faßt er eine Zusammenkunft mit dem Bruder in Venedig ins Auge und schwärmt von einer gemeinsamen Gondelfahrt in den Canälen der alten Dogenstadt:

---
[1] Corr. II, S. 59.

nous voulons étre en famille et laisser voir tout aux deux autres, et nous deux nous coucher dans une Gondole, causer comme cela, en nous promenant dans les canaux de Venise. Adieu mon cher Frère, que ces moments seront delicieux!¹)

Den Besuch in Florenz selbst erklärt er für diesmal als einen rein familiären.

Auf der Hinreise nach Italien hatte Joseph in seinen Erbstaaten auch mehrere Tage in Triest zugebracht (16. bis 21. Mai), wo er nebst Anderem das neue große Lazareth besichtigte, das 1769 eröffnet worden, und auf welches für diese Seestadt so hochwichtige Ereigniß die Bürger von Triest eine Gedenkmünze mit dem Brustbilde Maria Theresia's und Joseph II. hatten prägen lassen. Gelegentlich dieser Anwesenheit in Triest besuchte der Kaiser auch das benachbarte k. k. Hofgestüt Lippiza²) in Begleitung des k. k. Oberststallmeisters Grafen von Dietrichstein, und in Folge dieses kaiserlichen Besuches reiste der Gestütsdirector Horak von Plankenstein noch im selben Jahre zweimal nach Wien.³)

Von Italien zurückkommend, traf Joseph am 29. Juni in Klagenfurt ein; er schreibt darüber an Leopold noch am selben Tage: „Ich bin sehr zufrieden mit dem Wege von Ponteba, und habe von Mestre bis hieher blos 24 Stunden gebraucht, das ist erstaunlich! Ich bin 18 Stunden auf dem Wasser gewesen und habe in Pordenone und in Tarvis geschlafen."

In Klagenfurt besichtigte er diesmal das neugebaute Haus seiner Schwester Maria Anna, die dann daselbst bekanntlich 1789 als Aebtissin starb.

Im darauffolgenden Jahre, 1776, entfiel wieder eine größere Tour, und es wurden nur Lagerbesuche in Ungarn (Pest 14. bis 15. August), Böhmen (Moldauthein 29. bis 31. August, Prag 1. bis 12. September, Königgrätz 13., 14. September) und Mähren (Brünn 15. bis 29. September) vorgenommen.

Während des Lagers bei Prag, wo der treffliche Prinz von Sachsen-Coburg den vorzüglichsten Beifall des Kaisers erhielt,

---

¹) Corr. II, S. 60.
²) 19. Mai: Ein Kammercourier von Wien nach Lippiza, an Ihro Majestät den Kaiser. 22. Mai: Ein Kammercourier von Lippiza von Ihro Majestät dem Kaiser, nach Wien. Wöchentliches Kundschaftsblatt des Herzogthums Krain, Laibach 1775, S. 331.
³) Ibid. l. c. S. 492 und 670.

kam die Armee während ihrer Uebungen auch in die Gegend, wo am 6. Mai 1757 Schwerin fiel. Auf der Stelle, wo dieser Held von fünf österreichischen Kartätschenkugeln durchbohrt mit der Fahne seines Regiments in der Hand vom Pferde stürzte, stand ein Baum. Bei diesem Baume zogen sechs Bataillons Grenadiere vorbei. In diesem Augenblicke sprengte Joseph hinzu, rief Halt!, kommandirte ein Quarré, trat in die Mitte desselben, befahl eine dreimalige Salve, nahm bei jeder den Hut ab und opferte auf diese Weise dem Heldenschatten Schwerin's.[1]

In unseren Tagen hat der vaterländische Dichter Dr. Isidor Proschko diesen edlen Herzenszug Joseph's in hochpoetischer Weise besungen, und er läßt Klio ins Buch der Geschichte schreiben:

„Ein Fürst, der selbst im Feinde die Heldenwürde ehrt,
Ist wahrlich auch des Namen des Großen selber werth."

„Jeder Grenadier, der in jener Prager Schlacht mitgefochten hatte und sich nun gegenwärtig befand, erhielt — schließt Pezzl — ein Geschenk von einigen Ducaten und die ganze Armee doppelte Löhnung."[2]

Reise nach Frankreich 1777.

„Frankreich, schon seit Jahrhunderten hoch cultivirt, reich an glänzenden und nützlichen Instituten, berühmt durch Industrie, Handel, Fabriken, Künste, Gelehrsamkeit . . . dieses Land mußte bei einem Manne, der nach Kenntniß wichtiger Staaten dürstete, unfehlbar den Wunsch erregen, es persönlich zu sehen und zu studiren." So präcisirt er die Sinnesart Joseph's ganz und voll erfassende Pezzl[3] das Motiv der großen, vier Monate umfassenden Reise des Kaisers nach und aus Frankreich, auf welcher der „Graf von Falkenstein" auch ein gut Theil von Bayern und Württemberg und auf der Rücktour nach einem Excurse in die Pyrenäen auch Partien der Schweiz und von Vorarlberg kennen lernte.

Die Reise, welche Maria Theresia gleichfalls lieber gar nicht unternommen gesehen hätte,[4] wurde am 1. April angetreten und der Kaiser war bereits viele Stunden Reisender, ehe man außer der Kaiserin in Wien wußte, daß er es war.[5] Seine Reisebegleiter waren die Grafen Colloredo und Cobenzl.

---

[1] Pezzl, S. 36.
[2] Pezzl, S. 36.
[3] L. c. S. 39.
[4] Briefe Maria Theresia's an ihre Kinder III, S. 2.
[5] Anthologische Beschreibung, S. 17.

Das „Itinerar" nennt als Nachtstationen: April 1. von Wien nach Braunau, 2. Braunau, 3. bis 5. München, 6. Günzburg, 7. Stuttgart, 8. Pforzheim, 9. Karlsruhe, 10. Straßburg, 11. Pfalzburg, 12. Nancy, 13. bis 15. Metz, 16. Verdun, 17. Soissons, 18. bis 30. Paris, 1. bis 30. Mai: Paris, 31. von Paris nach Rouen. 1. Juni: Havre, 2. Villers, 3. Doll, 4. St. Malo, 5. Giergamp, 6., 7. Brest, 8. bis 12. l'Orient, 13. Vannes, 14., 15. Nantes, 16. Tours, 17. Maixent, 18., 19. Rochefort, 20. Blaye, 21., 22. Bordeaux, 23., 24. Bajonne, 25. St. Jean de Luca, 26. Bajonne, 27., 28. Toulouse, 29. Carcassone, 30. Montpellier, 1. bis 4. Juli: Toulon, 5. bis 7. Marseille, 8. bis 11. Lion, 12. St. Jean le vieux, 13., 14. Genève, 15. Lausanne, 16. Moran, 17. Bern, 18. Langenbruck, 19. bis 23. Freiburg, 24. Alt-Breysach, 25. Waldshut, 26. Constanz, 27. Bregenz, 28. Reutte, 29. bis 30. Innsbruck, 31. Salzburg, 1. August: Wien.

Am 7. April traf der Kaiser in Stuttgart ein, wo in einer Schule eine Begegnung stattfand, die damals schon im engeren Kreise Aufsehen und Interesse erregte, heute aber, Dank dem unermüdlichen Fleiße eines begeisterten Forschers, des bestbekannten Culturhistorikers Dr. Kohut, dem unter den Händen tüchtiger Meister immer voller und immer farbenreicher sich gestaltenden Mosaikbilde von Deutschlands schönster Literatur- und Culturepoche eingefügt erscheint, die Begegnung Joseph II. mit Friedrich Schiller in der Karlsschule. Noch am Abende des 7. empfing Herzog Karl Eugen von Württemberg, „seine blonde Franziska von Hohenheim zur Rechten, den hohen Gast in genannter seiner Militärakademie, welcher damals auch Friedrich Schiller als Eleve der Medicin angehörte. Die „Karlsschüler" veranstalteten nämlich zu Ehren des Kaisers einen Festakt — Vorträge und Concert — „was Joseph alles ausnehmend gefiel", und schon war auch in dem „Schwäbischen Magazin" ein Begrüßungsgedicht erschienen, welches den 18jährigen Schiller zum Verfasser hatte. In diesem Poem wurde dem Herzog Dank dafür gesagt, daß durch ihn der edle Kaiser, „Teutschlands Stolz und Ehre," „dem rascher Feuereifer, Jugend, im vollen Götterbusen glüht," nach Stuttgart und in die Räume der Akademie gezogen wurde. Dann hieß es wörtlich:

> Dir, Karl, verdanken diese Scene
> Dein Hof, Dein Volk und Deine Söhne,
> Dir, Karl, und Deinem Teck-Athen!
> Du zogst nach weisenden Aeonen
> In unsern Hain aus fernen Zonen
> Den Vater von Teutonien.

Nach dem Concerte stellte der Herzog dem Kaiser sämmtliche
Eleven und auch den Festdichter Friedrich Schiller vor. Joseph
unterließ es nicht, dem jungen Poeten seine Anerkennung auszusprechen.
Dem Kaiser hatte es in der Karlsschule, die er in allen Einzelheiten
genau besichtigte, so wohl behagt, daß er auch am nächsten Tage
wieder dahin kam, wo ihn am Abende kurz vor seiner Abreise die
Eleven mit einer Opernvorstellung „La Didone abandonnata" erfreuten,
die dem erhabenen Musikfreunde so ausnehmend wohl gefiel, daß er
derselben bis ans Ende beiwohnte.[1]

Straßburg sah Joseph II. in seiner „sternengeschmückten Uni=
form" in ihren Mauern einziehen. Nachdem er die ganze Besatzung
„gemustert" — die Reiter trugen viereckige Hüte — besichtigte der „Graf
von Falkenstein" das kunstvollst gearbeitete Grabmal des Marschalls
von Sachsen in der Thomaskirche und nahm auf dem Rückwege das
berühmte Münster in Augenschein.

Nancy bot der Pietät des Sohnes Franz I. die von diesem „mit
prächtigem Zierrath der Bildhauer und Architekten geschmückte" Gruft
der lothringischen Ahnen, zu welcher Joseph am 13. April hinabstieg.
Nachdem er die in Nancy anwesende Prinzessin Eszterhazy mit seinem
Besuche beglückt hatte, trat er die Weiterfahrt an und traf in Paris
am 18. April, 5 Uhr Abends, im vollkommensten Wohlsein ein. Am
Morgen des 19. April eilte er nach Versailles, seine geliebte Schwester
die Königin Marie Antoinette inmitten der königlichen Familie zu
begrüßen, Marie Antoinette eilte auf ihn zu, und nach den freudigsten
Begrüßungen und Vorstellungen sprach sie deutsch mit ihm.[2]

Die folgenden sechs Wochen seines Aufenthaltes in Paris nutzte
der mit der Zeit eminent ökonomisch haushaltende Graf von Falkenstein
gar trefflich aus.

„Oeffentliche Gebäude, Denkmäler, Anstalten zur Sicherheit, zum
Nutzen und zur Bequemlichkeit für das Publikum, Bibliotheken, Samm=
lungen, Brücken, Plätze, Fabriken, Künstlerwerkstätten — all dies waren
der tägliche Gegenstand seiner Besuche, seiner Aufmerksamkeit, auch hie
und da seiner großmüthigen Freigiebigkeit." Zur Erholung ging er auf
die Promenaden, in Gesellschaften, Concerte und Schauspiele, am liebsten
in die Oper, wo ihm und seiner Schwester, der Königin, wiederholt die
jubelndsten Ovationen dargebracht wurden.

---

[1] Anthologische Beschreibung, S. 23.
[2] Anthologische Beschreibung, S. 30 ff.

Es würde zu weit führen, die von Joseph in Paris vorgenommenen Besichtigungen alle anzuführen; es sollen nur die markantesten und von Einfluß auf die Erweiterung seiner volkswirthschaftlichen Kenntniß bezughabenden diesbezüglichen Momente hier Anführung finden.

Er besah die Porzellanfabrik zu Sevres und begab sich „nach den Gobelins," „wo er die Tapetenmanufacturen" zu studiren Gelegenheit hatte; an beiden Orten unterrichtete er sich genau über die Einzelheiten in der Herstellung der Fabrikate. Dann war es wieder die Akademie der Wissenschaften, der er seine wiederholten Besuche abstattete, wo er Vorlesungen anhörte und Experimente machen sah. Es wurde unter anderen eine Probe mit einem neuen Schießpulver und mit schneller, leichter und weiter feuernden Gewehren vor ihm angestellt, und Herr Lavoisier experimentirte an einem Vogel die Wirkungen der fixen Luft. Eines Abends besuchte Joseph in einer Loge der französischen Komödie den damaligen Minister der Schweiz, den später so berühmt gewordenen Generalfinanzdirector Necker, mit dem er sich eingehend unterhielt. Ein andermal besuchte er die Gärtnerweiber bei ihrer Arbeit, der Entschälung der grünen Erbsen, und empfing hinwieder den Besuch der Fischerweiber. Wiederholt besuchte er aber den Physiker Comus, welcher ihm stundenlang seine neuen Erfindungen im Magnetismus und in der Electricität demonstrirte. Er besichtigte die große Getreideschranne, die Salpeterverwaltung, die Küchengärten und die Orangerie zu Versailles, die Wassermaschine bei Marly für die Wasserkünste von Versailles u. s. w. Von den Humanitätsanstalten, die er in Paris aufgesucht und genau geprüft, wirkten die Taubstummenanstalt des Abbé l'Epée, den, sowie dessen Zöglinge, er reichlich beschenkte, und das große Krankenhaus Hôtel Dieu, wo er nach eingehender Prüfung aller Räume ein Geschenk von 48.000 Livres zurückließ, auf ihn so anregend, daß er bald darauf in Wien das k. k. Taubstummeninstitut ins Leben rief, und was er im Hôtel Dieu an Mängeln und Fehlerhaftem entdeckt hatte, das vermied er dann bei Errichtung des Wiener allgemeinen Krankenhauses.[1] Wiederholt trat er in offene Kaufmannshallen ein und verkehrte auch hier, wie überall, mit den Kaufherrn und Geschäftsleitern auf das leutseligste, holte Erkundigungen über Handel und Verkehr ein; er fuhr in ganz gewöhnlichen Miethwagen, ging in Kaffeehäuser und besprach

---

[1] Pezzl, l. c. S. 42.

sich mit Leuten aller Stände,¹) alles Interessante und Wissenswerthe, ihm Neue in den Kreis der Unterhaltung ziehend.

Am 30. Mai ist Joseph aus Paris abgereist, kurz darauf unterm 16. Juni schreibt seine königliche Schwester an die Mutter über die ausgezeichnete Stimmung, die er in Paris zurückgelassen: „Mon frère a une conduite si parfaite avec tout le monde, qu'il importe les regrets et l'administration des tous les états, on ne l'oubliera jamais." ²)

Von Paris ging Joseph dem volkswirthschaftlichen Zwecke dieser seiner französischen Reise entsprechend, über Caën nach Rouen, St. Malo, Brest und Rochefort nach Bordeaux, das Augenmerk nur auf Handel und Schifffahrt gerichtet.

Von der reichen Handelsstadt Bayonne aus unternahm er einen Ausflug in die pyrenäischen Gebirge, die ihn besonders reizten, und namentlich auch, um die Kunstbauten zur Holzförderung daselbst kennen zu lernen; dann in Frankreich wieder waren es besonders der imposante Weltmarkt von Marseille, „wo die Producte von vier Erdtheilen vor ihm ausgebreitet lagen," sowie der merkwürdige Hafen von Toulon und das Seilerhaus daselbst und dann last not least die großartigen Werkstätten der Lyoner Seidenfabrication, was seine vollste und regste Aufmerksamkeit auf sich zog.

An allen diesen Orten verbat er sich alle Fest- und Lustbarkeiten und lebte nur dem Studium; in diesem Sinne und über die Art seines Verkehrs mit den Fachleuten schreibt er selbst aus Lyon an seinen Bruder Leopold (11. Juli): „Dans toute la tournée des provinces je n'ai été à aucun spectacle, à aucun amusement. J'ai taché même de me cachez au lieu de me fair voir; j'ai parlé dans chaque endroit aux gens les plus instruits, et cela pendant des heures, mais seulement à trois ou quatre par endroit." ³)

Während dieser Reise in Frankreich hatte Joseph außer dem bereits genannten geistigen Celebritäten vornehmlich auch die Bekanntschaft d'Alembert's, Rousseau's und Buffon's gemacht; rückkehrend aus Frankreich besuchte er in Genf den Naturhistoriker Saussure und in Bern den Mediciner Albrecht von Haller, den Dichter der „Alpen", nicht aber, und dies auf ausdrücklichen Wunsch seiner Mutter,

---
¹) Pezzl, l. c. S. 43.
²) Maria Theresia und Maria Antoinette. Ihr Briefwechsel, herausgegeben von Ritter v. Arneth (2. Auflage), S. 210.
³) Corr. II, S. 148.

Voltaire in Fernen, obschon er gemäß seines Vorbehalts bezüglich eines „zufälligen Zusammentreffens mit ihm" doch bei dessen Landsitz abgestiegen war, wiederholt Park- und Gartenanlagen betreten und mit dem Gärtner Voltaire's längere Gespräche (über Gartenwirthschaft) geführt hatte.[1])

In Genf besichtigte Joseph eine von den Stadtbrigantinen (eine Varietät der Briggs), in Basel suchte er den Seidenfabrikanten Sarrasin, sowie den berühmten Kupferstecher Mechel auf; in seine „Erbstaaten" nach Freiburg im Breisgau gelangend, inspicirte er genau die Universität und that auf die Auskunft wegen geringen Besuches derselben den weisen Ausspruch: „Es kommt nicht auf die Menge, sondern auf die gute Anlage und den Fleiß der Studirenden an",[2]) empfing den Fabeldichter Pfeffel, Director einer protestantischen Militärschule in Colmar, mit zwanzig seiner Eleven und ertheilte allgemeine Audienzen

Bei Schaffhausen angelangt, nahm er in Gegenwart von mehreren tausend ihm zujubelnden Personen den Rheinfall in Augenschein und schrieb seinen Namen an eine Felswand.[3])

Nach einer Tour über den Bodensee, von Constanz aus, kam er nach Bregenz (von Mörsburg her) und sah dann ein Stück von Vorarlberg. Die hohe handelspolitische Wichtigkeit Vorarlbergs für Oesterreich-Ungarn, die voll auszunutzen wohl erst unseren Tagen durch die k. k. Staatsbahnlinie Innsbruck-Bregenz und das so trefflich gelungene Riesenwerk des Arlbergtunnels vorbehalten blieb, die hohe nationalökonomische Bedeutung dieses überdies mit allen Reizen der Natur ausgestatteten Landes, Joseph II. hat sie schon voll erfaßt und in gewichtigen Worten an Maria Theresia ausgedrückt: „Le Vorarlberg — sagt er — est une partie intéressante à la Monarchie, elle joint le Tyrol avec le lac de Constance."[4])

Am 29. Juli traf der Kaiser von Reutte her in Innsbruck ein und nahm das Absteigquartier im „Goldenen Adler" (Herzog Friedrichstraße Nr. 6), wo eine Steintafel das Andenken an seine Anwesenheit bewahrt.[5]) Bei der diesmaligen Anwesenheit in der Landeshauptstadt

---
[1]) Albert Jäger, Oesterreichische Geschichte fürs Volk. Band XIV, S. 47 ff.
[2]) Anthologische Beschreibung, S. 123.
[3]) Pezzl, l. c. S. 50.
[4]) Corr. II, S. 155.
[5]) Die darauf befindliche Inschrift lautet: In diesem Hause haben gewohnt Kaiser Joseph II. 29., 30., 31. Juli 1777, Wolfgang Goethe 8. September 1786, Andreas Hofer 15. August 1809, König Ludwig I. (von Bayern) zu wiederholten Malen. Anmerkung d. Verfassers.

von Tirol nahm Joseph nebst einer Reihe von Besichtigungen von Anstalten und Gebäuden vor Allem das Denkmal des Hinscheidens seines Vaters in der Hofcapelle, sowie das neue Universitätsgebäude in Augenschein.[1])

Nach einem kurzen Aufenthalte in Salzburg, wo die von Erzbischof Sigmund Christoph durch den Mönchsberg angelegte (1767 vollendete) Straße sein Hauptinteresse erregte, kehrte er am 1. August von dieser ebenso großen als für ihn lehrreichen Reise nach Wien zurück.

Nach wenigen Tagen aber eilt Joseph schon wieder in die Truppenlager nach Steiermark (6. bis 11. August bei Leibnitz) und nach Ungarn (12. bis 25. August bei Pest) und zu denen in Böhmen und Mähren (6. bis 17. September Hloupetin und 19. bis 29. Turas).

In den Armeen in Böhmen und Mähren 1778.
(Bayerischer Erbfolgekrieg.)

Der am 30. December 1777 erfolgte Tod des Kurfürsten Max Joseph von Bayern und die durch Oesterreich vorgenommene Besetzung einiger Districte Bayerns hatten durch des Königs von Preußen Widerspruch den „bayerischen Erbfolgekrieg" hervorgerufen, der sich jedoch auf einige militärische Demonstrationen in Böhmen und an der schlesischen Grenze beschränkte.

Friedrich war am 6. April bei einer seiner Armeen in Schlesien eingetroffen, und Joseph begab sich am 11. nach Mähren.

Das „Itinerar" seiner „Kriegsfahrt" nennt die nachstehenden Nachtstationen: 11. April nach Olmütz, 12. Olmütz, 13. Hof, 14. Olmütz, 15. Littau, 16. Leutomischl, 17., 18. Königgrätz, 19. Brandeis, 20. bis 23. Prag, 24. Leitmeritz, 25. Lobositz, 26. bis 30. Prag. 1. Mai Pardubitz, 2. Königgrätz, 3. Königshoff, 4. Lomnitz, 5. Turnau, 6. Nimes, 7. bis 14. Brandeis, 15. Prag, 16. Leitmeritz, 17. Raudnitz, 18. bis 24. Hluschitz, 25. Chrudim, 26. Königgrätz, 27. Schurz, 28. bis 31. Hluschitz. 1., 2. Juni Hluschitz, 3. Wartenberg, 4. Jungbunzlau, 5. Unterbautzen, 6. bis 14. Hluschitz, 15. Königgrätz, 16. Jaromir, 17., 18. Hluschitz, 19. Kratzau, 20. Münchengrätz, 21. bis 25. Mladiczow, 26. Liebenau, 27. bis 29. Mladiczow, 30. Smiritz. 1. Juli Chrudim, 2. Smirschitz, 3. Arnau, 4. Mladiczow, 6. Horziniowes, 7. Roschnow, 8. bis 10. Salnay, 11. Juli bis 9. August Ertina, 10. bis 14. Münchengrätz, 15., 16. Ertina, 17. bis 21. Salesel. 22. August bis 15. Sep-

---
[1]) Zoller, Geschichte der Stadt Innsbruck. II, S. 237 ff.

tember Els, 16. Sabowa, 17. bis 19. Els, 20. bis 22. Gitschin, 23. bis 25. Straschkow, 26. September bis 7. October Gitschin, 8. Arnau, 9. Gitschin, 10. Aycha, 11. Hühnerwasser, 12. Holau, 13. Wernstädtl, 14. Linay, 15. Mukow, 16. Bubin, 17. Gitschin, 18. Königgrätz, 19. bis 24. Gitschin, 25. Königgrätz, 26. Pardubitz, 27. bis 29. Brandeis, 30., 31. Prag. 1. bis 6. November Prag, 7. Sorux, 8. Aussig, 9. Holan, 10. Aycha, 11. Gitschin, 12. Königgrätz, 13. Leutomischl, 14. Müglitz, 15., 16. Freudenthal, 17. Heidenpiltsch, 20. Olmütz, 21. Brünn, 22. Wolkersdorf, 23. nach Wien.

Mitten aus den militärischen Geschäften berichtet Joseph, immer auf die wirthschaftlichen Dinge bedacht, seiner Mutter aus Königgrätz vom 2. Mai, daß überall die Ansaat wohl von statten gegangen, man sehe nirgends die mindeste Noth, und die Ernte verspreche recht gut zu werden.[1]

Minder erfreulich klingt seine Nachricht aus Turnau (5. Mai), die da meldet, daß die stark gewesenen Schneefälle in den Gebirgen keine günstige Ernte der Winterfrucht erwarten lassen, und daß man im Allgemeinen hier noch die Folgen der großen Hungersnoth nach= empfinde.[2] Uebrigens fügt er bei, daß er überall die größte Bereit= willigkeit in Allem vorfinde.[3]

Und hierauf erwiedert Maria Theresia, daß sie sich dadurch bestens getröstet fühle und im Hinweise darauf, daß die Truppen aus Sieben= bürgen mit dem größten Diensteifer ausmarschirt seien, um unter seinen Augen zu kämpfen und daß „in den Vorlanden und Vorarlberg, wo niemals man Recruten haben konnte, alles zugelaufen, um für den Kaiser zu streiten", fühlt sich — wie früher immer das besorgte Mutter= herz gegen die Reisen Joseph's gewesen — nun das hocherfreute Herz der Kaiserin=Königin zu dem Geständnisse gegenüber dem Sohn gedrängt, daß man noch nie mit einem solchen Eifer gearbeitet habe, und das mache das Auge des Herrn, und daß man Dich überall gesehen hat (et qu'on vous à vu partout).

Am 15. Mai eilte Joseph von Brandeis nach Prag, um das große Nationalfest des heiligen Johann von Nepomuk mitzumachen, und Maria Theresia äußert darüber ihre volle Befriedigung.[4]

---

[1] Corr. II, S. 236.
[2] Corr. II, S. 239.
[3] Ibid. l. c.
[4] Corr. II, S. 242.

Reise nach Mähren, Schlesien, Böhmen und in das Innviertel 1779.

Kaum waren der Friede und die darauf gefolgten Reichshandlungen geschlossen, als der Kaiser sich schon wieder des neuen wichtigen Geschäftes unterzog, sich noch eine eingehendere Kenntniß seiner im Vorjahre von den Armeen besetzt gewesenen Länder zu verschaffen.

Das „Itinerar" dieser Reise nach Mähren, Schlesien und Böhmen nennt als Nachtstationen: 18. August von Wien nach Brünn, 19. Brünn, 20. Olmütz, 21. Dobrolowitz, 22. Teschen, 23. Deutschleuthen, 24. Miestek, 25. Wagstadt, 26. Troppau, 27. Sentsch, 28. Jägerndorf, 29. Hennersdorf, 30. Zuckmantel, 31. Jauernik, 1., 2. September Altstadt, 3. Grulich, 4. Cronstadt, 5. Neustadt an der Meta, 6. Arnau, 7. Eypel, 8. Nahod, 9. Politz, 10. Ober=Weckelsdorf, 11. Trautenau, 12., 13. Freyheidt, 14. Starkenbach, 15. Reichenberg, 16. Friedland, 17. Gabel, 18. Bürgstein, 19. Rumburg, 20. Nixdorf, 21. Kreybitz, 22. Tetschen, 23. Peterswalde, 24. Ossegg, 25. Kallich, 26. Brix, 27. Postelberg, 28., 29. Leitmeritz, 30. Raden. 1. October Schlackenwerder, 2. bis 4. Eger, 5. Piljen, 7. bis 12. Prag, 13. Brandeis, 14. Münchengrätz, 15. Gitschin, 16. Jaromirz, 17. Königgrätz, 18. Nimburg, 19. bis 21. Prag, 22. Tabor, 23. Budweis, 24., 25. Linz, 26. Gmunden, 27. Frankenmarkt, 28. Bernwang, 29., 30. Braunau, 31. Schärding, 1. November Schardenberg, 2. Engelhardszell, 3., 4. Linz, 5. St. Pölten, 6. Stockerau, 7. nach Wien.

Auf dieser Tour war es auch, daß der Kaiser am 15. September zum dritten Male die Stadt Reichenberg besuchte und da im gräflich Clam=Gallas'schen Schlosse Absteigquartier nahm. Bei einem Spaziergange mit dem Besitzer des Schlosses, dem Grafen Christian Philipp Clam=Gallas, im Schloßparke, erblickte der Kaiser einen eigens für die Bearbeitung der Anlagen bestellten, durch zwei Menschen zu handhabenden neuartigen Gartenpflug. Kaiser Joseph, vom regsten Interesse für alle Neuheiten auf dem Gebiete des Gewerbes und der Landwirthschaft beseelt, besorgte, daß eine solche Handhabung doch zu anstrengend sei, und nahm, um sich hierüber die Ueberzeugung zu verschaffen, eine Probe mit diesem Gartenpfluge vor. Graf Clam=Gallas ließ diese Begebenheit durch ein aus Sandstein in Rococo ausgeführtes Denkmal verewigen.

Wie Joseph auf dieser, ebenfalls in erster Reihe den militärischen Dingen gewidmeten Reise doch auch stets ein offenes Auge für die volkswirthschaftlichen Verhältnisse hatte, beweist auch weiters sein Brief an die Kaiserin aus Ossegg (24. September), der mit den Worten schließt: „In den bis jetzt besichtigten Landestheilen habe ich gar kein Elend gefunden, das Getraide steht prachtvoll, die übrigen Früchte sind unglaublich gut gerathen."[1]

Aus Postelberg, 27. September, schickt Joseph seiner Mutter Muster von Rumburger Leinwand und sagt dazu: „Es scheint mir diese Leinwand von großer Schönheit und Feinheit und werth, daß sie von Ihnen gekauft wird. Sie werden in Zukunft, das bin ich sicher, der Leinwand, die in unsern Staaten fabrizirt wird, vor allem der böhmischen Leinwand den Vorzug geben, vor der holländischen und jener aus der Schweiz."[2]

Und aus Prag meldet er der Kaiserin (unterm 13. October):[3] „Momentan ist hier kein Elend zu befürchten, außer dasjenige, das jede große Stadt leidet, welche von mit Schulden überladenen Privat= leuten und Armen bewohnt ist, welche nicht arbeiten müssen wie der Bürger und dieselben nicht zahlen. Dieß sind jedoch Uebel, für welche es Mittel geben wird."

Betreffs der Verhältnisse in Böhmen im Allgemeinen handle es sich vor allem um die Frage, wie man der Leinenindustrie mehr auf= helfen könnte.

Am 24. October kam der Kaiser über Budweis her nach Linz. Doch hielt er sich jetzt da nur einen Tag auf und setzte rasch, dem Paradiese Oberösterreichs, dem herrlichen Gmunden zueilend, seinen Weg weiter fort, um nach einigen Tagen wieder nach Linz zurück= zukehren. Von Gmunden (27. October) schreibt er seiner Mutter:[4] „Diese Salzwerke sind sehr merkwürdig, und ich fühle mich unendlich befriedigt, sie gesehen zu haben. Der Traunsee ist süperb, und da wir gestern hier so schönes Wetter hatten, war die Wasserfahrt charmant."

Und noch am 27. October setzt er seine Tournée zu Pferd fort und kommt über Schärding und Engelhartszell am 3. November wieder in Linz an.

Was ihm im Innviertel am meisten aufgefallen war, bestand in den ungemein zahlreichen Umzäunungen der Wiesen und der Felder. Dem sollte allmählich, einem Rescripte aus Schärdenberg zufolge, an den Landeshauptmann Grafen Thürheim gerichtet, gesteuert werden. Nach der Meinung des Kaisers gereiche diese Einrichtung der Bevölke=

---

[1] Corr. III, S. 221.
[2] Corr. III, S. 222.
[3] Corr. III, S. 222.
[4] Ibid. l. c.

rung zum Schaden, weil der Bauer einer geringeren Anzahl von Leuten zum Hüten des Viehes und somit weniger Gesinde bedürfe.

Außerdem sollte die Vermehrung der Bevölkerung gefördert und dem vermeintlichen Uebelstand gesteuert werden, den Joseph darin erblickte, daß mehrere Bauernwirthschaften sich in der Hand eines und desselben Besitzers befanden.

Die Regulirung der Salza und dadurch die Verhinderung der Schäden, die durch Hochwasser angerichtet wurden, hätte sich Thürheim ebenfalls ganz besonders angelegen sein zu lassen.

Vom Besuche im neuerworbenen Innviertel überhaupt aber fühlte er sich höchst befriedigt, und er meldet aus Schärding (3. October),[1]) daß das Object der neuen Erwerbung schön und gut und für das Land ob der Enns einträglich sei. Die Leute scheinen zufrieden und voll guten Willens. Die Zählung ergab 80.000 Seelen mit einem Ertrag von 500.000 fl.

„Ich bin entzückt," schließt er, „dieses Land gesehen und glaube auch auf die Bewohner einen guten Eindruck gemacht zu haben. Alle haben den Unterschied besprochen, daß der Kurfürst während 40 Jahren nie auch nur auf einige Stunden gekommen, sein Land zu sehen, während hingegen ich nach erst sechsmonatlichem Besitz herkam, mich persönlich um ihr Wohl und Wehe zu erkundigen."

Am 7. November war Joseph von dieser für ihn wieder so anregenden Reise nach Wien zurückgekehrt.

Reise nach Galizien und Rußland 1780.

Bevor Joseph die Reise zur Entrevue mit der Czarin Katharina II. antrat, hatte er wiederholt die angelegentliche Bitte gestellt, man möge ihn nur unter dem Incognito eines Grafen von Falkenstein empfangen und nur als solchen behandeln.[2])

Holitsch und Trentschin in Ungarn (26. und 27. April), dann Wsetin und Meseritsch in Mähren (28. und 29.), waren die vier ersten Nachtstationen des Kaisers nach seinem Aufbruche aus Wien. In Meseritsch zu Pferd steigend vertiefte er sich in das mährisch-ungarische Grenzgebirge und nahm die Nothwendigkeit der Verbesserung von Straßen und Zufuhren wahr; dem Passe von Jablunka widmete er ganz besondere Aufmerksamkeit und übernachtete (2. Mai) in der Jablunkaschanze, in Saybusch nahm er am 4., in Kenti am 5. Mai

---

[1]) Corr. III, S. 230 ff.
[2]) Arneth, Maria Theresia's letzte Regierungszeit. IV, S. 676.

Nachtquartier, von hier aus wurde die Reise wieder zu Wagen fortgesetzt. Am 7. und 8. Mai verweilte Joseph in Wieliczka, am 9. in Bochnia, da und dort zum Besuch der Salzwerke. Ueber Tarnow (10.), Rzezow (11.), Przemizl (13.) kam er am 13. Mai nach Lemberg wo er bis einschließlich 18. blieb und wo so viel Leute aus ganz Galizien zusammengeströmt waren, daß für Nachkommende kein Platz mehr war. Alles wollte ihn sehen, eine Unzahl ihm nahen; wie immer und überall, war er auch hier für Jedermann zugänglich. Den 19. und 20. Mai übernachtete er in Brody.

Am 2. Juni erfolgte über Kiew, wo Joseph sich drei Tage aufgehalten, seine Ankunft in Mohilew, dem Orte der Entrevue selbst, wo dann zwei Tage später auch Katharina eintraf. Die Tage vom 4. bis 9. Mai, die hier gemeinschaftlich zugebracht wurden, verliefen unter Diners, Bällen, Soiréen, Concerten und Theatervorstellungen — die Czarin hatte hier aus Anlaß dieses hohen Besuches für die italienischen Opern ein eigenes neues Theater erbauen lassen — im freundschaftlichsten Verkehre mit „Artigkeiten und Schmeicheleien". Diese liebenswürdigste Aufnahme des Grafen v. Falkenstein wurde dann in Petersburg in noch größerem Maße fortgesetzt, wohin Joseph der bringenden Einladung gefolgt war, „um sich" — nach den Worten Katharina's — „von den Werken Peter des Großen erst die richtige Idee machen zu können, „denn" — hatte sie beigefügt — „ohne Petersburg zu besuchen, hatte er in Rußland nichts gesehen".

Während Katharina aber ihrem erlauchten Gaste von Mohilew nach Petersburg vorausgeeilt war, hatte sich Joseph selbst erst noch nach Moskau begeben, um auch diese „alte Czarenstadt" kennen zu lernen. Er besichtigte durch vier Tage (17. bis 21. Juni) alles Sehenswerthe — die „deutsche Sloboda", den Senat im Kreml, das große Hospital, die kaiserlichen Gärten, die Landhäuser mehrerer Großen und die Universität, wo ein Ungar, Professor Scharz, seinen „Entwurf des deutschen Styls" ihm überreichte.[1]

Seine Ankunft in Petersburg war am 28. Juni und hielt er die Mittagstafel im Hôtel „Stadt London". Mit den Besuchen des kaiserlichen Hofes in Zarsköe Selo und den Ausflügen in Begleitung Katharina's nach Tschesme, wo er den ersten russischen Jahrmarkt sah, nach Peterhof und Schlüsselburg — Besuch der Canäle von Ladoga — nach Kronstadt — Besichtigung des Hafens und der

---

[1] Geisler, l. c. S. 59 ff.

Docks, von denen einer für acht Schiffe seine vollste Bewunderung erregte — wechselten seine Besuche und Besichtigungen der hervorragendsten Merkwürdigkeiten der Reichshauptstadt ab.

In der Akademie der Wissenschaften — wo ihm die Schätze der kaiserlichen Kunstkammer gezeigt wurden und ihm der Director mehrere gelehrte Abhandlungen überreichte, darunter auch: Gedanken über eine zwischen Rußland und Deutschland auf der Donau und auf dem Schwarzen Meere zu eröffnende Handlung von Professor Güldenstädt — bot ihm auch kein geringes Interesse die damit verbundene Erziehungsanstalt für Knaben vom 6. bis zum 15. Jahre als Vorbereitungsschule für die Künste oder für die Handwerke je nach dem Maßstabe der Begabung und der erworbenen Fähigkeiten, sowie das zur Akademie gehörige Naturaliencabinet. In der kaiserlichen Münze wurde in seiner Gegenwart eine Medaille mit seinem Brustbilde geprägt. Von den Holzmagazinen auf der Schiffswerfte schreibt er seiner Mutter, daß sie einzig seien und daß man in Frankreich und Italien nichts Aehnliches finde.[1])

Am 19. Juli verließ Joseph, „begeistert" über den Ausfall dieser seiner russischen Reise Petersburg — schreibt doch Maria Theresia an Marie Christine, sie erhalte Neuigkeiten vom Kaiser „toujours enthousiasmé de son voyage" — und kehrte über Riga, Mietau, Palaw in seine Staaten zurück. Am 3. August traf er in Zamocs ein, wo er bis 6. blieb, dann ging's über Ullanov (7.) Rabomischl (8.), Dombrowa (9.), Bochnia (10.), Wieliczka (11.), Kenti (12.), Mährisch=Ostrau (13.), Troppau (14.), Olmütz (15., 16.), Brünn (17. bis 19.) nach Wien, wo die Ankunft am 20. August erfolgte.[2])

Nach einem Monat begab sich Joseph wieder auf die Tour in die Truppenlager und zur Festungsinspection in Mähren und Böhmen. Das „Itinerar" nennt als Nachtstationen: 26. September Feldsberg, 27. Brünn, 28. Leitomischl, 29., 30. Königgrätz. 1. bis 4. October Jaromirz, 5. Arnau, 6. Gitschin, 7. Münchengrätz, 8. Holau, 9. bis 18. Prag, 19. Deutschbrod, 20. Iglau, 21. Stockerau, 22. Wien. Auch auf diesem militärischen Excurse ließ Joseph die wirthschaftlichen Zustände nicht unbemerkt und berichtete unter Anderem über den Nothstand der böhmischen Weber.[3])

---

[1]) Corr. III, S. 232.
[2]) „Itinerar."
[3]) Corr. III, S. 314.

Reise in die Niederlande, nach Holland und Frankreich 1781.

Am 22. Mai verließ Joseph Wien und nahm seinen Weg über Schärding, Regensburg, Nürnberg, Frankfurt, Worms, Luxemburg, Namur, Mons, Courtray, Ostende (11., 12. Juni), Brügge, Gent, Antwerpen, Löwen nach Brüssel (21. Juni bis 6. Juli), von da nach Rotterdam, Haag, Harlem, Amsterdam, Utrecht, Aachen, Limburg, Spaa (19. und 20. Juli), dann wieder über Löwen nach Brüssel (wo er vom 22. bis 26. Juli blieb). Die Rückkehr erfolgte über Valenciennes, Seulis, Versailles, Paris, Troyes, Besoul, Monbeillard, Lauchingen, München nach Wien. „Es sahen die Niederländer", schreibt Pezzl, „nach andert=halb Jahrhunderten wieder einen ihrer Herrscher... er besuchte alle Provinzen und deren Hauptstädte, nahm alle öffentlichen Anstalten und Gebäude in Augenschein, musterte seine Soldaten.... leitete mancherlei Anstalten ein, die den Handel des Landes mehr emporbringen sollten... und erwarb sich durch hundert Züge von Herablassung, Freigiebigkeit und freundliches Betragen gegen Leute aus den geringsten Ständen allgemeine Liebe und Hochachtung."[1])

In Dünkirchen (11. Juni) hatte die französische Schiffswerfte und der Hafen mit den daliegenden Schiffen sein ausschließliches Interesse erregt, und in Ostende (12. Juni) war er von einem englischen Kutter nach alter Manier mit drei „Huzzas" und zwanzig Schüssen begrüßt worden, was ihm so wohl gefiel, daß er den Matrosen zwanzig Louisd'or gab, seine Gesundheit zu trinken. In seiner flandrischen Handelsstadt Brügge angelangt (13. Juni), wohnte er am darauffolgen=den Tage der Frohnleichnamsprocession bei und hielt Nachmittag in Gegenwart des zu seiner Begrüßung herbeigekommenen Herzogs von Glocester, Bruders des Königs von England, eine Truppenrevue ab.

Am 21. Juni traf er dann in der Hauptstadt Brüssel ein, wo er durch vierzehn Tage eine unermüdliche Thätigkeit in Erledigung von Staatsgeschäften entwickelte — täglich allein vier Stunden, von 6 bis 10 Uhr Abends, mit den Ministern und Räthen über Verwaltung, Finanzen, Handel und Justiz berathschlagend — am Morgen aber alle öffentlichen Gebäude und Anstalten der Reihe nach besichtigte, darunter das neuaufgerichtete theresianische Collegium, das Spital, das Kaufhaus u. s. w. u. s. w., und vor dem Diner (von 11 bis 3 Uhr Nachmittags) allgemeine Audienzen ertheilte.[2]) Auf den Fahrten über

---
[1]) L. c. S. 88.
[2]) Joseph II. und Leopold von Toscana. Ihr Briefwechsel. Herausgegeben von K. v. Arneth. I, S. 36.

Land unterhielt er sich nicht selten mit Bauern über Fragen der Landwirthschaft, ja er ließ einmal einen Landmann, der ihm den Weg nach der Landstraße zeigte und der ihm ob seiner treffenden Antworten sehr wohl gefiel, zu sich in den Wagen sitzen.¹)

Aus seinen Niederlanden begab er sich nach Holland. In Amsterdam besuchte er unter Anderem das ostindische Magazin und dessen Werfte, das Raspelhaus, die Spitäler, Waisen- und Zuchthäuser, die Gemäldesammlungen und „sprach auf dem Rathhause mit den Bürgermeistern nicht als monarchischer Nachbar, sondern als Kosmopolit";²) auch besuchte er den berühmten Klifford'schen Garten und das durch den „Czar als Zimmermann" in aller Mund gekommene Dorf Saardam!

In Bad Spaa, dessen heilkräftiges Wasser er schon 1778 im Lager getrunken, fand er den Prinzen Heinrich von Preußen, mit dem er in Gesellschaft Raynal's dinirte, sowie den Fürsten Franz Joseph Liechtenstein, denjelben, dem er beim Tode des berühmten Oheims Fürsten Wenzel Liechtenstein die für die ganze erlauchte Familie hochehrenvollen Worte geschrieben: „Nehmet an, daß ich meine Bedauernisse mit den Eurigen verewige und wie Ihr niemalen seine Wohlthaten vergessen könnet, so vermöge ich seine geleisteten Dienste durch die Erkenntlichkeit, so wir ihm schuldig und in aller Welt Angesicht bezeugen, die Achtung so man davon gemacht und alles was man von seinen neveus (welche sich an Ehrerbietigkeit und Herzhaftigkeit verschieben hervorgethan) noch erwartet."³)

Joseph unterhielt sich in Spaa prächtig und machte die gewöhnlichen Amusements des Badelebens daselbst mit. Aus den Niederlanden (von Brüssel) dann nach Frankreich sich wendend, brachte er diesmal in Paris, beziehungsweise in Versailles nur fünf Tage zu und verweilte meistens nur bei dem König und der Königin.

Auf dem Wege von Brüssel nach Paris war ihm die Quelle der Schelde und der Entwurf des unterirdischen Canals zur Verbindung dieses Flusses mit der Somme gezeigt worden. Bei dem Dorfe Magni la Fosse erfolgte der Einstieg in den unterirdischen Canal, welchen Joseph in einer Strecke von mehr als 300 Klafter bis an die im Jahre 1771 gemachte Oeffnung überschiffte.⁴)

---

¹) Leben und Geschichte Joseph II. Amsterdam. I, S. 169.
²) Pezzl, 1 c. S. 89.
³) Geschichte des fürstlichen Hauses Liechtenstein von J. v. Falke, III, S. 225.
⁴) Geißler, l. c S. 197.

Die Rückreise aus Frankreich machte er, wie schon gesagt, über Montbelliard durch Württemberg und Bayern und kam am 14. August in seiner Residenzstadt Wien wieder an.

Nach wenigen Tagen sehen wir ihn aber wieder im Truppen= lager bei Pest (20. bis 29. August), dann im September und October bei denen in Böhmen und Mähren (10. bis 18. Turas, 19. bis 24. Hloupetin, 25. bis 27. Prag, 28. Leitmeritz, 29. Gitschin, 30. Jaromiz, 1. October Königgrätz, 2. Pollitzka, 3., 4. Brünn (und am 5. October wieder in Wien).

Am 30. August von Pest nach Wien zurückgekehrt, berichtet Joseph seinem Bruder Leopold vom Tode des Fürsten Franz Joseph Liechtenstein, der auf der Rückkehr von Spaa in Metz gestorben; c'est une perte réele pour Vienne ruft der Kaiser aus.[1]

Reise nach Schlesien 1781.
(Zur Begrüßung des Großfürsten und der Großfürstin von Rußland.)

Zur Erwiderung seines Besuches am württembergischen Hofe waren am 12. November der Herzog Friedrich Eugen mit seiner Gemahlin, mit der Prinzessin Elisabeth und dem Prinzen Ferdinand in Wien eingetroffen, und am 16. eilte Joseph auf die Kunde von der nun nahe bevorstehenden Ankunft des großfürstlichen Paares von Rußland nach Brünn und weiter nach Troppau (17.), um diese hohen Gäste zu sich einzuholen. Katharina II. hatte nämlich beschlossen, daß ihr Sohn und Thronerbe Paul Petrowitsch sammt seiner Gemahlin eine große Reise durch Europa machen sollte. „Der wichtigste Standpunkt dieser Reise mochte wohl Wien sein,"[2] und die Großfürstin traf hier nun zugleich ihre Eltern und Geschwister; Paul's Schwiegervater ging zwar bald nach Württemberg zurück, er aber mit seiner Gemahlin und die anderen blieben bis in das Jahr 1782 in Wien.

Von den diesen hohen Gästen seitens des Kaisers gebotenen Fest= lichkeiten war besonders die große Fête in Schönbrunn glänzend und vollendet in jeder Richtung. Bei viertausend Masken bewegten sich in den sämmtlich geöffneten Gemächern des herrlichen kaiserlichen Lust= schlosses, und Alle nahmen an dem Souper theil; auch wurde im Ver= laufe des Abends die Oper „Alceste" gegeben, die einen durchgreifenden Erfolg hatte. Als das großfürstliche Paar seine Reise von Wien nach

---

[1] Briefwechsel Joseph's und Leopold's. I, S. 45.
[2] Pezzl, l. c. S. 100.

Italien Anfangs Januar 1782 fortsetzte, begleitete sie der Kaiser in die pittoreske Winterlandschaft des Semmering, über welches heute durch die „Südbahn" auf geniale, für alle späteren Bergbahnen maßgebende Weise vollends beseitigte Verkehrshinderniß Joseph's weiser Großvater Karl VI. mit dem Aufwande aller technischen Kenntnisse seiner Tage die schönste und bequemste Reichsstraße zur Handelsverbindung von Wien mit Triest hatte anlegen lassen, welche Sorgfalt für den Verkehr aus dem Reichscentrum nach der Haupthandelsstätte des Reiches an der blauen Adria Joseph II. durch eine Reihe von Verordnungen und Vorkehrungen fort wach erhielt und noch weiters förderte!

In Mürzzuschlag nahm der Kaiser in der herzlichsten Weise von seinen russischen Gästen Abschied und kehrte nach Wien zurück.¹)

Fahrt nach Wiener-Neustadt 1782.
(Zum Empfange Papst Pius VI.)

Der heilige Vater Papst Pius VI. war am 27. Februar aus Rom zur Reise nach Wien aufgebrochen und nahte über Venedig, Görz, Laibach und über Steiermark her in einem ununterbrochenen Triumphzuge der kaiserlichen Residenz. Am 21. März machte sich Joseph von hier auf und begab sich ihm entgegen nach Wiener-Neustadt. Tags darauf fuhr der Kaiser auf die Straße gen Gloggnitz hinaus und traf mit Pius VI. bei Neunkirchen zusammen. „J'ai été," schreibt Joseph selbst darüber an Leopold, „jusqu'au delà de Neustadt à sa rencontre et pour éviter tout cérémonial et compliment quelconque, c'est sur le grand chemin, en présence seulement des postillons, que je l'ai rencontré et fait tout de suite descendre de la voiture, pris dans la mienne à deux places et mené tout droit à Vienne à la Bourg."²)

In Wien war der Jubel beim Einzuge des Papstes ein unbeschreiblicher. Wohl bei zweimalhunderttausend Menschen bildeten Spalier, von Nah und Fern waren Schaaren herbeigeströmt, um den heiligen Vater zu sehen und der feierlichste Augenblick war, als er vom Balcon der Jesuitenkirche am Hof den Segen an die in lautloser Stille auf den Knien liegende Menschenmenge von fünfzig- bis sechzigtausend Köpfen ertheilte, was selbst Protestanten, wie Berichte solcher vorliegen, tief ergriff.³)

---
¹) Briefwechsel Joseph's und Leopold's. I, S. 67.
²) L. c. I, S. 87 ff.
³) Jäger, Oesterreichische Geschichte fürs Volk. XIV, S. 109.

Während der Anwesenheit des Papstes sah Wien zweimal die große kirchliche Feier der Aufsetzung des Cardinalhutes durch den heiligen Vater, vollzogen an den beiden Cardinälen, dem Fürstprimas von Ungarn Joseph Batthyany, der auch vom Kaiser das Großkreuz des Stephanordens erhielt, und an den Fürstbischof von Passau, Grafen Firmian.

Beim Abschiede verehrte Joseph dem Papste, dem er in Allem auf das auszeichnendste und mit seiner ganzen Liebenswürdigkeit entgegengekommen, ein prächtiges brillantenes Kreuz (Pectorale) im Werthe von 200.000 fl.

Am 22. April 1782 verließ Pius VI. Wien; da Joseph wieder an seinen Augen litt, nahm er Abstand von einer weiteren Begleitung, wie er denn auch in diesem Jahre keine Reise unternahm, außer einer kleinen Fahrt ins Truppenlager bei Brünn (19. bis 22. October).

Rundreise durch Ungarn und seine Nebenländer und durch Galizien 1783.

„In Folge von Fragen und Zweifeln aller Art" entschloß sich Joseph — wie er seinem Bruder Leopold unterm 21. April schreibt — selbst nach Ungarn zu gehen und zunächst nachzusehen, was für die Festungen und an den Grenzen gemacht worden.[1]

In den Vordergrund traten aber auch bei dieser Reise — nach der Versicherung eines zeitgenössischen Berichterstatters —[2] die Sorge für die Förderung von Handel und Verkehr, sie ward auch „eine Comerzialreise, indem der Monarch mit aller Macht bemüht war, die Handlung zum Vortheil seiner Staaten zu erheben".

Das „Itinerar" bezeichnet von dieser Reise nachstehende Aufenthalte (als „Nachtstationen"):

25. April Gönyö, 26., 27. Ofen, 28. Mohacz, 29., 30. Essegg. 1. Mai, Pakraz, 2. Agram, 3. Karlstadt, 4. Bosilievo, 5., 6. Fiume, 7. Zengg, 8, 9. Karlstadt, 10. Petrinia, 11. Jesenovacz, 12. Grabiska, 13. Brod, 14. Vikovce, 15. Mitrovicz, 16. bis 19. Peterwardein, 20., 21. Semlin, 22. Panczowa, 23. Weißkirchen, 24., 25. Temesvar, 26. Arad, 27. Lugos, 28. Deva. 29., 30. Karlsburg, 31. Hermannstadt bis 5. Juni, 6. Udza, 7. Kronstadt, 8. Kezdi=Vasarhely, 9. Czikszereda, 10. Paraid, 11., 12. Bistritz, 12. Neu=Rodna, 14. Velle=Putei, 15., 16. Suczava, 17. bis 19. Czernowitz, 20. Okupi,

---

[1] Briefwechsel zwischen Joseph und Leopold I, S. 162.
[2] Leben und Geschichte Kaiser Joseph II..... Amsterdam, II, S. 28.

21. Seyatin, 22. Vorstye, 23. bis 30. Lemberg. 1. Juli, Przemisl, 2. Orlich, 3. Kaschau, 4. Schewlniz, 5. Szelenyi, 6. Schemniz. 7. Lewa, 8. Tyrnau, 9., 10. Preßburg, 11. Wien. Die Reise währte also im Ganzen nahezu drei Monate.

Ende August begab sich der Kaiser nach Mähren und Böhmen zu den Truppenlagern und weist das „Itinerar" diesbezüglich diese Nachtstationen: 25., bis 31. August, Turas, 1., 2., September Brünn, 3. Iglau, 4. bis 10. Hloupetin, 11. bis 17. Prag, 18., 19. Leitmeritz, 20. Niemes, 21. Gitschin, 22., 23. Jaromirz, 24. Königgräz, 25. Müglitz, 26., 27. Olmütz, 28. Brünn, 29. nach Wien.

Reise nach Italien 1783 bis 1784.

Zur Erwiderung des Papstbesuches und um seinen theuren Bruder Leopold wieder zu sehen, unternahm Joseph Anfangs December 1783 die dritte Reise nach Italien, von der er nach vier Monaten, Ende März 1784, zurückkehrte.

Das „Itinerar" dieser Reise war folgendes:
6. December Bruck a. d. M., 7. Neumarkt, 8. Klagenfurt, 9. Greifenburg, 10. Brunneck, 11. Bozen, 12. Ala, 13. Mantua, 14. Bozolo, 15. Parma, 16., bis 17. Bologna, 18. bis 20. Florenz, 21. Robicosani, 22. Ronciglione, 23. bis 28. Roma, 29. Molo di Gäeta, 30., 31. Caserta. 1. bis 13. Jänner (1784). Neapel, 14. bis 16. Persano, 17. Neapel, 18. bis 20. Rom, 21. Terni, 22. Perugia, 23. Florenz, 24. bis 31. Pisa. 1. bis 3. Februar Pisa, 4. bis 8. Livorno, 9., 12. Pista, 13. Porto Venere, 14. Sestri, 15, 16. Genua, 17, 18, Pavia, 19. bis 29. Mailand. 1. 2. März, Cremona, 3. Lodi, 4. bis 8. Mailand, 9. Brescia, 10. Treviso, 11. bis 13. Görz, 14. bis 18. Triest, 19. Pröstranegg, 20. Laibach, 21. Krazen, 22. Marburg, 23. bis 28. Graz, 29. Schottwien, 30. Wien.

Im Reiseprogramme war für die Hinfahrt nach Rom besonders Bologna notirt, wo der Kaiser „das Institut", die 1712 von Marsigli angelegte Akademie der Wissenschaften und die damit von Papst Clemens XI. verbundene Malerakademie, sowie andere merkwürdige Objecte wiedersehen wollte.[1])

In Rom interessirte ihn außer den kirchlichen Ceremonien des heil. Weihnachtsfestes, das er hier zubrachte, zunächst das seit 1769

---

[1]) Briefwechsel Joseph's und Leopold's. I, S. 193.

neuerrichtete „Museum Clementinum", das er zwar schön, aber so arg überladen fand, daß es ihm den Eindruck eines Magazins erregte.¹) Hier in Rom machte er auch die Bekanntschaft mit dem eben anwesenden Könige von Schweden.

Von Neapel unternahm er einen Ausflug mit seinem Schwager, dem Könige, nach Caserta, um einer „famosen Jagd" beizuwohnen, die für seine Schwester, die Königin Amalie, veranstaltet war, und zugleich, um die Alterthümer von Pesti zu besichtigen,²) wo man 1755 Reste von alten Tempeln und Gebäuden zufällig entdeckt hatte ³)

Am 15. Februar 1784 traf er in Genua ein, das er schon auf der ersten Reise so gerne besucht hatte; wie er es fand, darüber berichtete er ausführlich an seinen Bruder Leopold (unterm 17.)⁴) Den Hafen nennt er schön und groß, doch drohe der zum Zwecke der Abhaltung des Südwestwindes verengte Eingang zu eng zu werden. Die Magazine von Portofranco seien gut dazu eingerichtet, um Genua zum Stapelplatz des Handels zu machen, und zugleich, um den Zoll nicht zu verlieren für jene ansehnlichen Kaufmannsgüter, die man in der Stadt selbst verbrauche.⁵) Das Armenhaus sei groß aber in jeder Richtung entsetzlich gehalten... „Es ist — ruft er aus — das schlechteste, das ich je in Italien gesehen." Dagegen lobt er die schönen, herrlichen Paläste von Genua.

Nach Mailand kam, „um ihn zu sehen", der Herzog von Chablais Benedict Moriz, der älteste Sohn des Königs von Sardinien, der ihn auch nach Turin einlud, was er jedoch „für diesmal" ausschlug.⁶) Es war nämlich ein strenger Winter, in und um Mailand Alles gefroren und es schneite in der Stadt selbst in der Nacht vom 22. auf den 23. Februar. Er gab während dieses seines Aufenthaltes in Mailand (vom 19. bis Ende Februar) täglich drei Stunden Audienzen und war erfreut, im Ganzen keine Klagen zu hören; die einzige Klage war die über Mangel an baarem Gelde und daß die Seidenfabriken zurückgehen! Von Mailand aus berichtet er auch, zurückschauend auf Pavia, daß er mit den Professoren der dortigen Universität, besonders mit denen der Theologie, sehr zufrieden sei; es seien dort wahrhaft Männer von Geist, auch sei

---

¹) Ibid. l. c. S. 196.
²) Ibid. S. 199.
³) Hübner, Ler., S. 1544.
⁴) Ibid. S. 201 ff.
⁵) Ibid. l. c.
⁶) Ibid. S. 202.

das neue Universitätsgebäude daselbst gut hergestellt worden, speciell der botanische Garten und das Laboratorium der Chemie wohl eingerichtet!¹)

Von einem Abstecher nach Cremona und Lodi wieder nach Mailand zurückgekehrt, gönnte er sich die Zeit, das von seinem Bruder Ferdinand in Monza mit einem Aufwande von 750.000 fl. erbaute neue Lustschloß zu besichtigen, das ihn an „Schloßhof" erinnert, wenn es auch viel höhere Gemächer habe, „die Lage und Aussicht sind schön — sagt er — doch es fehlt jeder Schatten! Es ist ganz für Gäste eingerichtet und im wahren Sinne ein Palast!"

Von Mailand bis Görz brauchte er drei Tage und er beschwert sich über die schlechten Wege, doch seien die Gießbäche (les torrens) „discret" gewesen.²)

Kaum in Triest eingefahren, gewahrt er mit seinem volkswirthschaftlichen Kennerblicke schon das Aufblühen³) dieses für die Monarchie so wichtigen Platzes, der — fügen wir bei — ihm eine Reihe günstiger Verordnungen und namentlich zur Hebung des Handelsstandes den mit der Pforte, mit Fez und Marokko vereinbarten Schutz der k. k. Flagge gegen die Kapereien der Barbaresken oder eigenen Vasallen (1783) zu danken hatte, wodurch sich rasch viele neue Kaufherren in Triest angesiedelt hatten.⁴)

Auf dem Wege von Triest nach Laibach besichtigte der Kaiser die bei St. Peter auf dem Karste gelegene Filiale Pröstranegg des k. k. Hofgestütes von Lippiza, welcher Allerhöchste Besuch für den Fortbestand dieses durch seine ausgezeichnete Rasse altberühmten Karstener Hofgestütes von dem wichtigsten Einflusse war.⁵

In Laibach, wo die aus dem vielseitigen Wirken der „Academia Operosorum" (1693) hervorgegangene, von Maria Theresia dann festbegründete „Gesellschaft des Ackerbaus und der nützlichen Künste", die, heute unter dem Präsidium des kaiserlichen Rathes J. Murnik stehende, k. k. Landwirthschaftsgesellschaft für Krain eben ihre erste Blüteperiode hatte, besichtigte Joseph außer den humanitären Instituten

---

¹) Ibid S. 203.
²) Ibid. l. c.
³) Ibid. S. 207.
⁴) Costa, der Freihafen von Triest. S. 49.
⁵) Das k. k. Hofgestüt zu Lippiza 1580 bis 1880 herausgegeben, vom k. k. Oberststallmeisteramte (verfaßt von k. k. Hofsecretär J. Auer). Als Festschrift erschienen Wien 1880. S. 35 bis 37.

— den Kranken- und Erziehungshäusern, unter anderen des durch seine spätere Aufhebungsordre nicht betroffene, noch heute durch ein trefflich geleitetes Convict weit über Krains Marken hinaus bestbekannten Klosters der Ursulinerinnen — vornehmlich das Naturalienkabinet und anotomische Theater des hier in seinem Geiste wirkenden ausgezeichneten, aber vielangefeindeten Naturhistorikers und Ethnographen Professor Belsazar Hacquet. Abends erschien er in der Soirée bei der ersten und berühmtesten Familie des Landes, beim Grafen Auersperg. Die besondere Aufmerksamkeit des Monarchen lenkte aber in Laibach der für die Bevölkerung in mehrfacher Richtung so wichtige Moorgrund auf sich, und bezüglich desselben verfügte er sofort von der Reise noch in einem Handbillet an den Gouverneur in Graz, wie folgt: „Die Austrocknung der Moräste zu Laibach, die allerdings von großer Wichtigkeit wäre, theils um die Stadt gesunder, theils um eine so große Strecke zur Cultur nutzbar zu machen, erfordert, daß man den Bedacht darauf nehme. Diese Arbeit ist aber mit aller Umsicht und Kenntniß zu übernehmen, damit nicht, wie es schon geschehen, viel Geld ausgegeben und dennoch das Ziel verfehlt werde. Hievon geben die Gruber'schen Brücken und Schleussen einen klaren Beweis."

Dasselbe Handbillet (ddo. Grätz 28. März 1784) rügt in 46 Punkten eine Anzahl auf der Durchfahrt durch die südlichen Alpenlande vorgefundener localer und provinzieller Mängel und befaßt sich insbesonders im Detail mit den humanitären Aufgaben für Kranke, Arme, Waisen, dann in Zucht- und Arbeitshäusern.[1]

Vom 26. August bis 23. October wohnte der Kaiser theils dem Truppenlager in Böhmen und Mähren bei, theils begab er sich gleichfalls zu militärischen Zwecken nach Ungarn. Das „Itinerar" verzeichnet als Aufenthalte: 26. bis 31. August Turas. 1. September Olmütz, 2. bis 4. Brünn, 5. Iglau, 6. bis 14. Hloupetin, 15. bis 22. Prag, 23., 24. Leitmeritz, 25. Gitschin, 26., 27. Jamoriz, 28. Königgrätz, 29. Politzka, 30. Brünn. 1. October Brünn, 2. Czeikowitz 3. Göding, 4., 5. Holitsch, 6. Sassin, 7. Tirnau, 8. bis 10. Preßburg, 11. Nesmühl, 12. bis 15. Ofen, 16. Hatwan, 17., 18. Erlau, 19. Hatwan, 20. bis 22. Pest, 23. Wien.

An den Manövern in Böhmen und Mähren nahmen auch eine größere Anzahl von Gästen theil, und es schreibt Joseph dies-

---

[1] Ein Handbillet Kaiser Joseph II. von Adam Wolf. Beiträge zur Kunde steiermärkischer Geschichtsquellen XII, S. 143 ff.

bezüglich an seinen Bruder Leopold aus Hloupetin (11. September):[1]) L'évêque et tous les Anglays, de même que M. de Bouillé[2]) le conquérant en Amerique avec dix-huit Français se trouvent ici; joignez à cela des Piemontais Bavarois et même un officier des troupes de Maximilien.

Reise nach Italien 1785.

In den letzten Maitagen (28.) schickte sich Joseph zur vierten Reise nach Italien an, und gelangte er in fünf Tagen von Wien aus über Bruck a. M. (28.), Greifenburg (29.), Neustift (30.), Trient (31.) — trotzdem er in Südtirol durch eine große Ueberschwemmung der Etsch aufgehalten und einmal sogar in Lebensgefahr sich befunden — doch schon am 1. Juni in bestem Wohlsein nach Mantua. Hier blieb er bis 10. Juni. Am 8. war über seine Einladung der Bruder Leopold bei ihm eingetroffen; sie verließen gemeinschaftlich Mantua am 11. besuchten Cremona, Pavia, den Lago Maggiore und den Comersee. Am 18. kamen sie nach Mailand. In seiner Einladung hatte Joseph dem Bruder den Reiz dieser gemeinsamen Fahrt im Voraus also geschildert: „Ce voyage serait charmant, en voiture nous serions seules; en voyant les objets publics de cette province nous en raisonnerions; vous l'apprendriez un peu à connaitre, et vous, comme mon héritier, mon ami seriez vu tout d'excellentes choses, point de sécature pour vous."[3])

Joseph kehrte dann über Mantua, Padua, Pordenone (29.), Villach (30. Juni), Neumarkt (1. Juli), Würzzuschlag (2.) nach Wien zurück, und er hatte nun seine letzte Reise nach Italien vollendet; er sollte diese ihm so sympathischen Gefilde nicht mehr schauen!

Rundreise durch Steiermark, Ungarn und seine Nebenländer, Galizien, Böhmen, Oberösterreich, Steiermark 1786.

Mitte Juni trat Joseph diese Rundreise an, die er mit Unterbrechung von einer Woche in Wien (25. bis 31. August) am 13. October

---

[1]) Briefwechsel Joseph's und Leopold's. I, S. 225.
[2]) Franz Marquis von Bouille, französischer Generallieutenant, später noch bekannter geworden durch die Unterstützung, welche er der verunglückten Flucht des Königs von Frankreich zu Theil werden ließ (Ritter v. Arneth, Briefwechsel Joseph's und Leopold's. I, 225. Anmerkung).
[3]) Briefwechsel Joseph's und Leopold's. I, S. 27

erst beendete. Zuerst kam er in das Lager seiner Truppen nach Untersteiermark. Er kam durch Graz (17. bis 19. Juni) über Leibnitz, wo er dem Bürgermeister versprach, daß auf dem sogenannten „Leibnitzerfelde" keine Truppenzusammenziehungen mehr stattfinden werden, doch sollten sie nun beflissen sein, diesen öben, nun unter sie zur Vertheilung gelangenden Boden in Acker umzuwandeln,[1] nach Pettau (20.), ins Lager bei Ebersfeld, wo er zwei Tage blieb, dann wandte er sich nach Kroatien.

Das „Itinerar" nennt als Aufenthalte, beziehungsweise Nachtstationen:

16. Juni von Wien, 17. bis 19. Graz, 20. Pettau, 21., 22. Ebersfeld, 23. Warasdin, 24. Agram, 25. Karlstadt, 26. Zengg, 27. Gospich, 28. Jesenitza, 29. Karlstadt, 30. Petrinia. 1. Juli Grabiska, 2. Brod, 3. Vinkovce, 4. Mitrowitz, 5. Semlin, 6. Peterwardein, 7. Titel, 8. Szombor, 9. Szegedin, 10. Szentes, 11. Nagy-Szerend, 12. Großwardein, 13. Nagy-Alas, 14. Klausenburg, 15. Karlsburg, 16. bis 20. Hermannstadt, 21. Medias, 22. Szasz-Regen, 23. Borgo-Bruedul, 24. Kimpolung, 25. Szuczawa, 26. Czernowitz, 27., 28. Sunyatin, 29. Halicz, 30., 31. Suniow. 1. August Suniow, 2. bis 8. Lemberg, 9. Jaroslaw, 10. Dukla, 11. Eperies, 12. Keresztes, 13. bis 23. Pest, 24. Hochstraß, 25. Wien. 1. September Turas, 2. Olmütz, 3. bis 6. Turas, 7., 8. Brünn 9. Iglau, 10. Deutschbrod, 11., 12. Hloupetin, 13. bis 18. Hloupetin, 19. bis 21. Prag, 22., 23. Leitmeritz, 24. Gitschin, 25., 26. Jaromirz, 27. Königgrätz, 28. bis 30. Prag. 1. bis 4. October Prag, 5. Tabor, 6. Budweis, 7., 8. Linz, 9. Steyer, 10., 11. Eisenerz, 12. Maria-Zell, 13. Lilienfelde, 14. Wien.

In Pest hatte Joseph die Nachricht vom Tode Friedrich's II. erhalten, und vier Tage darnach schreibt er an den Fürsten Kaunitz:[2]) „Comme militaire je plains la perte d'un grand homme, et qui fera epoque à jamais dans l'art de la guerre. Comme citoyen je regrette quelle est arrivée, cette mort, trente ans trop tard."

Obschon sich bereits am 4. October in Prag eine empfindliche Kälte bemerkbar gemacht hatte, so ging Joseph doch noch in die Gebirge von Oberösterreich und Obersteier, um sich dort von dem Stande der Eisenindustrie persönlich zu überzeugen.

In einem die Hebung dieses Industriezweiges ins Auge fassenden und wohl erwägenden Handbillet vom 26. October desselben Jahres

---

[1] Mittheilungen des historischen Vereines für Steiermark 1850. S. 145 ff.
[2]) Arneth, Briefwechsel Joseph's und Leopold's. II, S. 34.

heißt es nämlich: „Nachdem ich die wichtige Eisenerzeugung und die ebenso rücksichtswürdige Fabrikation, wovon ein großer Theil vom Land ob der Enns und schier ganz Obersteier seinen Hauptunterhalt bezieht, selbst besehen habe, so bin ich überzeugt worden, daß, wenn nicht eine zweckmäßige und auf alle Umstände passende Modalität ergriffen wird, dieser so beträchtliche Nahrungszweig wofern er nicht ganz eingeht, doch gewiß zum größten Nachtheil der Population und Industrie sehr ab= nehmen und in Verfall gerathen dürfte. Ich betrachte die Eisener= zeugung" — heißt es weiters — „unter dreifacher Gestalt, nämlich erstens die Erzeugung der Flössen aus dem Erzsteine, zweitens die Veränderung dieser Flössen in Stangen, welche schon Kaufmannsgut sind und durch die Zerrenöfen und Hammerwerke erhalten werden, und drittens die Fabricirung aus diesen Stangen aller Gattungen Eisen= waaren. Ich glaube, daß nur die erstere Erzeugung der Oberleitung und Aufsicht des Staates bedarf." „Die Hammerwerke und sämmtliche Eisenfabrikaturen erachte ich gänzlich der freien Speculation zu über= lassen."[1])

Der Abstecher nach Maria=Zell aber, den er bei dieser Gelegen= heit gemacht, hatte für den altberühmten Wallfahrtsort zur Folge, daß das bekanntlich zum Benectinerstifte St. Lambrecht gehörige Superiorat daselbst aufrecht erhalten blieb und keine Einbeziehung in die Auf= hebung von St. Lambrecht selbst erfuhr. Es war nämlich dem Kaiser vorgelegt worden, „es solle, da die Gnadenkapelle in Maria=Zell aus Holz gebaut, daher feuergefährlich und jeden Augenblick ein Brand zu besorgen sei, das Stift Maria=Zell demselben Loose unterliegen wie andere Stifte und Klöster." Joseph wollte aber, bevor er diesen Schritt unternahm, sich selbst durch den Augenschein von dem Stande der Dinge in Maria=Zell überzeugen, und er erschien am angegebenen Tage (12. October 1786) selbst in der Kirche, ging um die Gnadencapelle herum, schlug im Beisein des Superiors und des Bürgermeisters mit dem spanischen Rohr bald nach oben, bald nach unten an die Wände der Capelle, und sprach dann zum Superior gewendet: „Diese Wände sind ja Stein." Nach einer erstaunten Erwiderung des Superiors zog Joseph den erwähnten Vorschlag aus der Tasche, ließ ihm denselben lesen, und — Maria=Zell wurde nicht aufgehoben![2])

---

[1]) Meynert, Kaiser Joseph II, S. 147.
[2]) Brunner, die Mysterien der Aufklärung in Oesterreich. 1770 bis 1800. S. 338 ff.

Reise nach Cherson und in die Krim 1787.

An den Wunsch, es möchte ihm noch gegönnt sein das einzige ihm noch unbekannte interessante Land Europas, England, sehen zu können, „wornach ihm auf die Erzählungen seines Bruders und seiner Schwägerin der Mund wässere" — doch Gott wisse, ob er dazu je Zeit und Gelegenheit finden werde — knüpfte Joseph in einem Schreiben an Leopold (2. November 1786) den Satz: „für die Reise nach Cherson, von der ich bedroht bin, erwarte ich von einem Tag zum andern die Nachricht. Und sie traf bald ein diese Nachricht, „car — wie Joseph beifügt — l'amour propre de l'Imperatrice s'y trouve en jeu." [1])
„Wie sich die Zeiten ändern!" — ruft Pezzl aus — „Im Jahre 1683 waren es die Krim'schen Tataren vorzüglich, welche das Land Oesterreich mit Furcht und Graus erfüllten, Wiens blühende Auen und Städte, und Flecken und Dörfer rings um die Stadt in Wüste und Aschenhügel verwandelten, viel tausend Unterthanen Leopold's in Ketten mit sich fortschleppten und diesen Kaiser selbst zu rauben drohten. — Und im Jahre 1787 ging der Enkel Leopold's, Joseph II., als Graf von Falkenstein mitten durch die Krim und mit tiefer Ehrfurcht blickten ihn eben diese tatarischen Horden an . . . . ." [2])

Joseph reiste am 11. April mit dem Grafen Kinsky und einem kleinen Gefolge über Brünn, Olmütz nach Galizien, hielt sich mit Unterbrechung in Lemberg (18., 19., und dann vom 22. bis 29. April) auf, traf am 18. Mai mit der Czarin in Kaidaki zusammen und hielt mit ihr am 23. den gemeinschaftlichen feierlichen Einzug in Cherson.

Die wirthschaftlichen Verhältnisse von Cherson schildert Joseph in einem Schreiben an Lascy, das natürlich das Schwergewicht auf die militärischen Verhältnisse, auf die Einrichtung der Kosaken, auf die Marine, die Festungen und befestigten Häfen legt, nebenbei knapp und deutlich mit den Worten: „Le commerce ne signifie rien encore, surtout pour la Russie, tout Cherson vit et se bâtit de la Pologne et ce n'est qu'importation étrangère jusqu'à présent." [3]) Ein in seiner Gegenwart vom Stapel gelassenes Kriegsschiff von 80 Kanonen erhielt den Namen: „Joseph II."

In Cherson ließen beide Monarchen den größten Theil ihres

---
[1]) Briefwechsel Joseph's und Leopold's. II, S. 39.
[2]) L. c. S. 174.
[3]) Joseph II. und Katharina von Rußland. Ihr Briefwechsel. Herausgegeben von A. v. Arneth. Anhang, S. 355.

Gefolges zurück und gingen nur mit ganz kleiner Suite in die Krim, Joseph nur vom FML. Grafen Kinsky begleitet. Baktschiserai, wo ihm zu Ehren eine prächtige Illumination nach europäischem Muster bis in die umliegenden Höhen hinauf veranstaltet wird und das ihm in der ganzen Physiognomie einen Vorgeschmack von Constantinopel zu bieten scheint, findet Joseph noch gut bevölkert, insbesonders von mohamedanischen, tatarischen und überhaupt orientalischen Kaufleuten. Am 2. Juni trafen dann die hohen Reisenden in Sebastopol ein. „Sebastopol", ruft Joseph aus, „ist der schönste Hafen, den ich in meinem Leben gesehen habe. 150 Schiffe waren darin bequem placirt, man hat hier einen eigenen Hafen für die Handelsschiffe, einen für die Quarantäne und einen als Schiffswerfte und für die Ausbesserung der Schiffe. Diese drei Häfen bilden die Schönheit von Sebastopol und verleihen dem Ganzen das eigentliche Interesse." [1]) Nach einer Flottenrevue ward dann noch Theodosia, vormals Caffa, besucht und über Staro-Krim, Berislaw, wo sich Katharina von ihm trennte, fuhr Joseph über Cherson (15., 16. Juni), Josephsbrod, Szarogrod, Dunajewce, Mikalince, Zloczow nach Lemberg (20. bis 26.) und von da am 30. Juni nach Wien.

Aus Staro-Krim machte der Kaiser dem Marschall interessante Mittheilungen über ökonomische Versuche in der Krim, wo Niemand bleiben wolle, die Tataren ebensowenig wie die Fremden: Deutsche und Ungarn. „Man hat", schreibt er weiters, „einen Cavalier aus Verona beauftragt, hier die Cultur der Seidenwürmer einzuführen, man hat auch „Krapp" (Färberröthe) angebaut, man hat Tokayer Reben gepflanzt und hat auf gut Glück mehrfache Experimente angestellt, da man aber keine Fortsetzungen gemacht, so endeten all diese Versuche alsbald, nachdem sie begonnen worden. Man entnimmt übrigens, daß die Culturen hier früher sehr gepflegt waren, aus der großen Menge noch vorhandener Fruchtbäume, sowie auch alte Maulbeerbäume hier zu finden sind. Der Wein gedeiht besonders in der Nähe von Soudak, aber auch von da wollen die wenigen Einwohner, die noch vorhanden, fortziehen . . . . . !" [2])

Im September desselben Jahres ging Kaiser Joseph in Begleitung des schon seit Längerem in Wien in Erziehung befindlichen Erstgeborenen seines Bruders Leopold, des Erzherzogs Franz, nachherigem Kaiser

---
[1]) Ibid. S. 363.
[2]) Ibid. S. 370 ff.

Franz, nach Böhmen und Mähren, um die Festungen zu inspiciren und an den Versuchen mit den Minen, die er hatte legen lassen, theilzunehmen.[1]) Das „Itinerar" nennt als Aufenthalte: 10. September Iglau, 11., 12. Prag, 13, 14. Theresienstadt, 15. Gitschin, 16., 17. Pleß, 18. Hohenmauth, 19. Brünn, 20. Wien. Wenige Tage später reiste er mit dem Erzherzoge Franz dessen Schwester Therese über den Semmering entgegen und meldet Aller glückliche Ankunft am 27. aus Laxenburg an den Bruder, beziehungsweise Vater.

Reise nach Ungarn 1788.
(In den Feldzug wider die Türken.)

Am 24. August 1787 war in Constantinopel die Kriegserklärung gegen Rußland erfolgt und Kaiser Joseph, seine mit Rußland eingegangenen Verbindungen erfüllend, ließ am 9. Februar 1788 durch den k. k. Internuntius der Pforte von seiner Seite den Krieg erklären. Am 29. Februar brach der Kaiser aber selbst von Wien zu seiner Hauptarmee nach Futak auf. Er ging über Graz, Cilli, Laibach nach Triest (4., 5. März) und Fiume (6. März), ordnete Vertheidigungsmaßregeln für das Litorale an, setzte seinen Weg über Buccari und Zengg nach Karlstadt (9., 10. März) fort und bereiste die ganze Cordonslinie an der kroatischen und slavonischen Grenze. Bei Semlin besah er die Verschanzungen und Tschaiken, ging nach Peterwardein und traf am 25. März im Lager seiner Hauptarmee in Futak ein, wo dann auch Erzherzog Franz anlangte.

Es kann nicht im Rahmen dieser Schrift liegen, die inzwischen ausgebrochenen kriegerischen Ereignisse, an deren Verlauf der Kaiser dann selbst bis zur Beendigung des Feldzuges in diesem Jahre theilgenommen, im Detail zu verfolgen; nur einige auf Joseph's Persönlichkeit im Lagerleben bezugnehmende Einzelheiten, wie sie des Kaisers unausgesetzte Bethätigung auf allen Gebieten des Staatswesens auch inter arma zu illustriren geeignet erscheinen, sollen nach den Aufzeichnungen zeitgenössischer Reporter hier ihre Stelle haben.

Die Beschwerlichkeiten und Anstrengungen des Lebens im Lager ertrug er diesmal wieder ebenso unverdrossen und unermüdet, wie im Feldzuge von 1778. „Er trug gemeine Kleidung, begnügte sich mit schlechten Wohnzimmern, schlief in Zelten und unter freiem Himmel,

---
[1]) Briefwechsel Joseph's und Leopold's II. S. 118 ff.

war Tag und Nacht zu Pferde, wenn er seine Gegenwart für nöthig hielt."¹)

Gewöhnlich ritt er um 3 Uhr des Morgens aus, um zu recognosciren, wohnte den Manövern bei — wiederholt Beweise großer Unerschrockenheit gebend — arbeitete dann, wie es nur die Zeit gestattete, in seinem Zelte und kannte nur eine Zerstreuung in Augenblicken der Ruhe, die Erluftigung an der Musik.²)

In Semlin bildeten drei dürftig eingerichtete Zimmer eines kleinen Gasthofes in der Vorstadt die kaiserliche Wohnung; die drückende Hitze des Juli wirkte hier fast unerträglich, und doch saß Joseph zwischen hochaufgestapelten Staatsacten — jeder Augenblick war abgemessen — durcharbeitete unverdrossen diese Schriften, expedirte die Staatscouriere mitten im Kriege mit demselben Eifer, als wenn er im Schoße des vollsten Friedens die ungestörteste Ruhe genösse.³) Bei der Tafel war er, wie immer, sehr mäßig, aß viel von grünen Speisen und trank Wasser, welches ihm auf Schiffen von Schönbrunn nach Semlin zugeführt wurde. Doch ließ er sich endlich bewegen, manchmal ein Gläschen Tokayer zu nehmen, um den Magen zu stärken und sich gegen böse Ausdünstungen zu verwahren...!⁴)

Der arme Kaiser, er kränkelte aber bereits, als er, nach Beendigung des diesjährigen Feldzuges die Armee verlassend, über Essegg (20. November), Segszard (22.), Pest (24. bis 26.), Ofen (27. bis 30.), Raab (2. December), Preßburg (3., 4.) am 5. December in Wien eingetroffen war.

Es war die letzte Reise des Kaisers gewesen, die er zu seinen braven Truppen ins Feldlager unternommen! Die ihm noch hienieden, leider aber so knapp, zugemessene Zeit, er verbrachte sie nur mehr im kranken Zustande; die hierin eingetretenen Schwankungen entnimmt man am besten dem Briefwechsel seiner Geschwister, des Großherzogs Leopold mit der Erzherzogin Christine.⁵)

Ein Freudestrahl leuchtete ihm dennoch auf in der Einnahme von Belgrad (8. October 1789) und im Jubelruf der Völker Oesterreichs darob: „Es lebe Joseph und Laudon!"

---

¹) Pezzl, l. c. S. 224.
²) Leben und Geschichte Joseph II. Amsterdam. IV, S. 17.
³) Ibid. S. 71.
⁴) Pezzl, l. c. S. 127.
⁵) Herausgegeben von Adam Wolf, S. 50, 52, 90 u. a. O.

Am 20. Februar 1790 aber endete schon das so vielfach segensvolle Leben des edlen Kaisers. Das Hinscheiden Joseph's im Kreise weniger Lieben, des Erzherzogs Franz, der Getreuen Lascy, Rosenberg, Dietrichstein, des Beichtvaters und des Arztes, schildernd, sagt so treffend schön Heinrich v. Zeißberg im monumentalen Werke „Die Oesterreichisch-ungarische Monarchie in Wort und Bild": „— — — Noch eine Gestalt beugte sich trauernd über das Sterbelager des Kaisers, die Idee des jenes Staates, hehren Geliebten, die ihm den Mangel jedes anderen Glückes ersetzte, der er sich ganz ergeben und der er noch in der letzten Stunde seines thatenreichen Lebens mit aller moralischen und physischen Kraft gedient, ohne sich um die Folgen zu kümmern, die daraus für sein Dasein entspringen würden." [1] — — — — — — —

Im Dome einer Stadt im Süden Oesterreichs, die der Kaiser auf seiner Fahrt ins Feldlager noch berührt und wo er mit gewohntem regsten Interesse die localen Humanitätsinstitute, darunter in erster Linie das kürzlich erst durch ihn begründete Allgemeine Krankenhaus, das Militärspital u. s. w., besichtigt und die Vorsorge für die passendste neue Unterbringung des Lyceums mit dem Ingenieur eingehendst besprochen — in der Kathedrale von Laibach, da tönte nach seinem Hingange der schönste Nachklang seiner letzten Reise aus jenen Trauerworten, welche hier am Katafalke für Joseph II. J. J. v. Knauer also gesprochen: [2] „Als Er vor zwei Jahren, mit dem Schwerte des Kriegers umgürtet, bei uns wie ein Gott vorüberzog, um sich für das Ansehen seiner Staaten, für das Wohl seiner Reiche, für die Sicherheit seiner Länder und für die gerechte Sache seiner hohen Bundesgenossin an die Spitze seines furchterregenden Heerhaufens zu stellen und ihn wider die Osmanen, jene barbarischen Feinde des christlichen Namens, in eigener Person anzuführen, als wir das Glück hatten, diesen erhabenen, zur Fehde ausgerüsteten Monarchen zu eben der Zeit zwischen unsern Mauern sich auch mit Staatsangelegenheiten so befassen zu sehen, daß man glauben mußte, diese wären der einzige Gegenstand der Anstrengung seiner Seelenkräfte und Aufmerksamkeit, wer hätte sich wohl den schrecklichen Streich vorgestellt, der ihn, oder uns vielmehr, bereits getroffen hat?" — — — — —

---

[1] Uebersicht der Geschichte des österreichischen Staates in „Die österreichisch-ungarische Monarchie in Wort und Bild" S. 205.
[2] Trauerrede auf Joseph II. von J. J. v. Knauer. Laibach (Ignaz Edlen von Kleinmayr) 1790, S. 4 ff.

Den Gesammteffect von Joseph II. Reisen im Allgemeinen aber — der patriotische Dichter Freiherr v. Zedlitz hat ihn angesichts von „Joseph's Standbild in Wien" würde- und weihevoll in die Worte gefaßt:

> Allüberall, wohin das Auge blicket,
> Bis an die letzte Grenzmark Deiner Lande,
> Von der Sudeten Schnee, bis wo die Wogen
> Der Ister wälzt zum fernen Haidenstrande,
> Sind Deiner Füße Stapfen eingedrücket,
> Ist Deines Wandelns helle Spur gezogen!
> Ein ew'ger Ehrenbogen
> Wölbt über Deinem Namen sich, und bleiben
> Wird ihm sein Ruhm, so lang in künft'gen Tagen
> Für Großes noch bewegte Herzen schlagen!
> Mag Well' auf Well' im Meer der Zeiten treiben,
> Wie manches Bild ihr Strom hinweggetragen:
> Das Deine wird groß, hehr, unsterblich ragen!

* * *

Der Urenkel von Joseph's geliebtem Bruder und Nachfolger Leopold II., Se. Majestät Franz Joseph I., der hochherzige Förderer wie aller so auch ganz vorzüglich der volkswirthschaftlichen Interessen seines weiten mächtigen Reiches, der erhabene Protector der großen land- und forstwirthschaftlichen Ausstellung in Wien im heurigen Sommer, der unentwegt für das Heil Oesterreich-Ungarns thätige Monarch, er übt und pflegt bekanntlich auch das Reisen „im Dienste des Staates" mit unvergleichlicher Hingebung und Ausdauer, ein leuchtend Vorbild für alle Folgezeiten, und so nennt die Culturgeschichte in weit getrenntem Zeitraume in diesem Sinne die drei Namen: Trajan — Joseph II., Franz Joseph I.!

Paul v. Radics.